나만의 영어 선생님
챗GPT 영어교실

나만의 영어 선생님
챗GPT 영어교실

초판 인쇄 2023년 7월 7일
초판 발행 2023년 7월 14일

지은이 | 반병현, 황현목, 이제종
펴낸이 | 김승기
펴낸곳 | ㈜생능출판사 / **주소** 경기도 파주시 광인사길 143
브랜드 | 생능북스
출판사 등록일 | 2005년 1월 21일 / **신고번호** 제406-2005-000002호
대표전화 | (031) 955-0761 / **팩스** (031) 955-0768
홈페이지 | www.booksr.co.kr

책임편집 | 유제훈 / **편집** 신성민, 이종무
영업 | 최복락, 김민수, 심수경, 차종필, 송성환, 최태웅, 김민정
마케팅 | 백수정, 명하나

ISBN 979-11-92932-23-1 13740
값 19,000원

- 생능북스는 (주)생능출판사의 단행본 브랜드입니다.
- 이 책의 저작권은 (주)생능출판사와 지은이에게 있습니다. 무단 복제 및 전재를 금합니다.
- 잘못된 책은 구입한 서점에서 교환해 드립니다.

나만의 영어 선생님

챗GPT 영어교실

반병현·황현목·이제종 지음

생능북스

머리말

한국인이 영어 공부에 투자하는 시간은 전혀 짧지 않습니다. 초·중·고등학교 시절은 물론, 대학에서도 졸업요건을 채우기 위하여 토익을 공부합니다. 취업을 위해서도 영어 시험 성적이 필요한 세상입니다. 심지어 요즘은 영어 유치원도 많다고 하지요.

이토록 우리는 젊은 시간 대부분을 영어와 씨름하며 보냅니다. 그야말로 애증의 관계라 할 수 있지요. 하지만 우리는 살아있는 영어를 구사하는 데 어려움을 느낍니다. 갑작스럽게 외국인이 말을 걸어왔을 때, 능숙하게 영어로 답변할 수 있는 사람은 극히 소수일 것입니다. 이는 우리가 배워 온 영어가 시험 문제를 푸는 데 너무나도 특화되어 있기 때문일 것입니다. 게다가 우리는 단어나 문법, 읽기 훈련은 많이 받아왔지만, 영어로 된 문장을 빚어내는 경험을 해 볼 기회를 충분히 얻지 못했습니다.

다행히도 인류 역사상 가장 똑똑한 인공지능인 챗GPT가 등장했습니다. 챗GPT는 24시간 깨어있고, 영어를 엄청나게 잘하는 데다가, 아는 것도 많습니다. 나만을 위한 맞춤형 원어민 강사가 되어줄 수 있다는 뜻이지요.

이에 균형감각 팀은 챗GPT를 적극적으로 활용하여 영어 학습을 혁신하는 방법을 연구하였고, 장시간의 프롬프트 연구 끝에 다양한 영어 활용 기능을 성장시킬 방법을 고안해낼 수 있었습니다. 이를 정리하여 여러분이 따라 하며 공부하기 쉽도록 이 책을 쓰게 되었습니다.

부디 이 책이 여러분의 영어 실력 향상에 직접적인 도움이 될 수 있기를 바라고, 챗GPT라는 AI를 활용해 여러분의 지성을 발전시키는 경이로운 경험을 선물해드릴 수 있기를 바랍니다.

2023년 6월
균형감각 드림

Contents

챗GPT 시대, 교육의 역할은? 8

Chapter 1 챗GPT 시대의 영어학습 13

- 01 영어의 4대 영역과 챗GPT 14
- 02 챗GPT 사용 방법 16
- 03 챗GPT의 잠재력을 끌어내자 23

Chapter 2 챗GPT와 Writing 학습 27

- 01 왜 Writing 학습에 챗GPT를 활용해야 할까? 28
- 02 Lv. 1. 챗GPT는 영작 전문가 32
- 03 Lv. 2. 챗GPT는 나만의 첨삭 전문가 38
- 04 Lv. 3. 영작 연습을 위한 명령어 레시피 모음 58
- 05 Lv. 4. 패러프레이징을 통한 표현력 훈련 63
- 06 Lv. 5. 에세이 작성 훈련 79
- 07 Lv. 6. 비즈니스 문서 작성 훈련 94

Chapter 3 챗GPT와 Reading 학습 109

- **01** 왜 Reading 학습에 챗GPT를 활용해야 할까? 110
- **02** Lv. 1. 이 글의 난이도를 분석해줄래? 112
- **03** Lv. 2. 좀 어려운데, 한국어로 번역해서 읽어볼래! 123
- **04** Lv. 3. 조금 더 읽기 쉬운/어려운 문장으로 수정해줘! 133
- **05** Lv. 4. 독해 실력이 향상되는 끊어 읽기! 150
- **06** Lv. 5. 글의 주제를 빠르게 파악하는 훈련 157
- **07** Lv. 6. 긴 글을 빠르게 요약하는 훈련 163
- **08** [레시피] 독해 연습을 위한 명령어 레시피 모음 169
- **09** Lv. 7. 실무 상황에서 영어 문서를 읽는 훈련 176

Chapter 4 챗GPT와 Speaking 학습 185

- **01** 왜 Speaking 공부에 챗GPT를 활용해야 할까? 186
- **02** 회화 공부에 앞서! 필수 프롬프트 엔지니어링 189
- **03** 여행을 떠나요! 197
- **04** 해외 출장을 떠나요! 207
- **05** 토익 스피킹 시험을 준비해요! 217

Chapter 5 챗GPT를 유용하게 만들어주는 확장 프로그램 237

- **01** Speaking 학습을 위한 확장 프로그램 설치 238
- **02** ChatGPT Voice Master 설정 248
- **03** ChatGPT Voice Master의 사용법 254
- **04** 그 외 유용한 확장 프로그램 258

챗GPT 시대, 교육의 역할은?

교육계 입장에서 챗GPT의 등장은 천재지변 그 자체였을 것입니다. 너무나도 쉽게 사고와 창의의 아웃소싱이 가능해졌으며, 그 수준 또한 전혀 낮지 않기 때문입니다.

그래서일까요? 세계 각국의 학교에서는 챗GPT를 학생들이 사용하는 것을 전면 금지[1][2][3]했습니다. 챗GPT의 활용이 당장 좋은 결과물을 생산하는 데에는 도움이 될 수 있지만, 학생들이 직접 사고하고 논리를 짜는 경험을 쌓을 소중할 기회를 박탈할 수 있기 때문입니다.

반면 챗GPT 사용을 전면적으로 허용[4][5]하거나, 오히려 적극적으로 권장하는 교육기관도 있습니다. 예를 들면, 홍콩과기대에서는 챗GPT를 사용하여 보고서를 작성한 학생에게 오히려 가산점을 주기로 결정[6]했습니다. 연세대학

---

1 김우용, "뉴욕시, 공립학교서 챗GPT 접속 차단", ZDNET Korea, 2023.1.6., https://zdnet.co.kr/view/?no=20230106091508

2 Eric Hal Schwartz, "ChatGPT is Banned by These Colleges and Universities". VoiceBotAI, 2023.1.6., https://voicebot.ai/2023/02/09/chatgpt-is-banned-by-these-colleges-and-universities/

3 홍효진, "전 세계 대학 '표절' 비상... 홍콩대, '챗GPT 쓰지마' AI 금지령", 머니투데이, 2023.2.10., https://news.mt.co.kr/mtview.php?no=2023022023105916246

4 한재범, "글쓰기 시험에 챗GPT 써도 돼 ...화끈하게 풀어준 이유는", 매일경제, 2023.2.17., https://www.mk.co.kr/news/world/10661561

5 조항선, "홍콩교육대, 홍콩 대학 최초로 챗GPT 사용 허용". Now news, 2023.2.28., https://nownews.seoul.co.kr/news/newsView.php?id=20230328601001

6 스탠리 최, "챗GPT 사용한 보고서에 가점 주겠다는 홍콩과기대 교수, 여러분의 생각은?". 블록미디어, 2023.3.14., https://www.blockmedia.co.kr/archives/302377

교에서 보고서 작성에 챗GPT를 사용한 학생에게 0점을 준 사례[7]와는 대조적입니다. 여기서 한술 더 떠 와튼스쿨 경영대학원은 학생들에게 챗GPT 사용을 의무화[8]했습니다.

왜 같은 사건을 두고 이렇게도 대응 방안이 엇갈리는 것일까요? 현실적으로 다양한 이유가 존재하겠지만, 가장 큰 이유는 교육적 철학과 목표 설정의 차이점일 것입니다. 아마 각 교육기관의 지침을 결정하는 것은 교육의 목적을 인간의 역량 계발에 두느냐 아니면 시대의 흐름에 발맞춘 생존에 두느냐의 차이가 아닐까요?

한 발 떨어져 이 현상을 바라보고 있노라면 조선 후기 유학자와 실학자의 대립이 떠오릅니다. 챗GPT 도입을 반대하는 교육기관의 목소리는 사회 공동체의 균형을 주장하는 성리학자들의 사상을 연상시키고, 챗GPT를 허용하려는 교육자들의 움직임은 실학의 핵심 철학인 경세치용(經世致用)[9]과 이용후생(利用厚生)[10]으로 설명이 가능하기 때문입니다.

각자가 추구하는 가치가 명백히 다르기도 하고, 양쪽 모두 실익이 있으므로 어느 쪽이 더 옳다고 단정 짓기는 어렵습니다. 스스로 고민하고 사고하는 역량을 길러주는 것은 분명히 필요한 역량이지만, 첨단 기술을 활용할 방법

---

[7] 승우, "연세대 '챗GPT 대필의심' 과제 0점 처리... '작문 과제, 필기로 전환'", 동아일보, 2023.3.29., https://www.donga.com/news/Society/article/all/20230328/118566463/1

[8] Aaron Mok, "A Warton Business school professor is requiring his students to use ChatGPT", Insider, 2023.1.27., https://www.businessinsider.com/wharton-mba-professor-requires-students-to-use-chatgpt-ai-cheating-2023-1

[9] 학문은 세상에 실익이 있는 방식으로 작동해야 한다.

[10] 편리한 도구를 활용하여 백성의 생활을 나아지도록 해야 한다.

을 제때에 교육받지 못한다면 사회 진출 이후 남들보다 10배 이상 뒤처지는 생산성을 보일 수밖에 없으니까요.

  이 책의 저자들은 AI(인공지능)를 활용한 영어교육을 연구하는 프로젝트팀 <균형감각>의 멤버들입니다. <균형감각>은 역대 수능 영어 시험지를 모두 AI에 학습시켜 올해 수능에 나올 영단어를 예측하는 AI를 만드는 활동을 하고, 챗GPT가 등장하기 전부터 AI를 유용한 교육 수단으로 활용하는 방안에 대해 연구하고 있었습니다.

  <균형감각>은 교육자의 역할을 학습 촉진자(facilitator)라고 보고 있습니다. 촉진자는 학생이 자신의 능력을 스스로 키울 수 있도록 도와주는 사람이며, 학생이 자기 주도적으로 실력 향상을 달성할 수 있도록 보조하는 사람입니다. 이와 같은 관점에서 챗GPT를 분석하고 연구하다 보니, 재미있는 가설에 도달하게 되었습니다.

"챗GPT는 세상에서 가장 유능한 학습 촉진자가 될 수 있지 않을까?"

  이와 같은 관점에서 영어교육에 활용할 수 있는 프롬프트 엔지니어링 기법을 연구해오던 중, 챗GPT를 적극적으로 활용하면서도 학생 자신의 역량을 자기 주도적으로 성장시킬 방법에 도달하게 되었습니다. 어찌 보면 저자들은 챗GPT의 적극적인 활용을 지지하면서도, 개인의 역량 향상이라는 고전적인 가치관을 달성하는 것을 목표로 하고 있다고 할 수 있겠습니다.

  이와 같은 견지에서 챗GPT를 적극적으로 활용하며 영어 실력을 향상하는 방법을 제안하기 위하여 이 책을 집필하게 되었습니다.

  먼저 챗GPT가 개인의 역량 향상을 위해 사용될 수 있음을 증명할 것이며,

챗GPT를 유용하게 활용하는 방법을 소개하겠습니다. 이어서 영어의 4대 영역인 쓰기, 읽기, 말하기, 듣기 실력 향상에 챗GPT를 사용하는 방법을 차례로 소개합니다. 각각의 기능을 다루는 챕터는 초보자를 위한 활용 방법부터 영어를 업무에 활용하는 실무자를 위한 실력 향상 방법까지를 난이도 순서에 맞추어 소개하고 있습니다.

처음 몇 개의 토픽은 여러분의 실력보다 쉽게 느껴질 것이고, 일부 토픽은 여러분의 수준에 적절하게 느껴질 것입니다. 그리고 각 챕터의 후반부 내용은 약간 어렵게 느껴질 수도 있겠지만, 챗GPT와 함께 영어 실력을 향상시켜 나가다 보면 어느새 여러분도 큰 부담 없이 실무 상황을 풀어나가는 경험을 체감할 수 있을 것입니다.

자, 그러면 가장 똑똑한 AI와 함께 가장 널리 사용되는 언어를 정복하기 위한 여정을 시작하겠습니다.

url > https://fastcampus.co.kr/

저자 직강 할인쿠폰

쿠폰코드	• ChatGPT영어마스터
할인율	• 20%
기한	• 2023년 12월 31일까지
쿠폰 사용방법	• 수강신청하기 > 수강신청서 제출 > 쿠폰 선택 > 쿠폰 코드 입력 > 쿠폰 등록 후 사용해주세요.

Chapter 1
챗GPT 시대의 영어학습

01 영어의 4대 영역과 챗GPT
02 챗GPT 사용 방법
03 챗GPT의 잠재력을 끌어내자

01 영어의 4대 영역과 챗GPT

영어의 4대 영역이란 읽기, 쓰기, 말하기, 듣기를 의미합니다. 이 중에서 어떤 기능이 가장 중요할까요?

영어를 모국어로 사용하는 사람들은 (듣기) → (말하기) → (읽기) → (쓰기) 순서로 기능을 습득합니다. 반면 우리가 일반적으로 생각하는 영어 공부의 순서는 이와 다릅니다. 왜냐하면 이미 청각과 시각이 완성된 상태에서, '언어'라는 도구의 풍부한 사용 경험을 토대로 영어를 공부하기 때문입니다.

- 읽기와 듣기 : 모두 입력(input) 기능으로 묶을 수 있습니다. 둘 중에서는 읽기가 훨씬 입문하기 편하고 쉽습니다. 듣기 공부는 여러분이 아니라 발화자가 공부 속도를 정하는 반면 읽기 공부는 여러분이 편한 속도로 진행할 수 있기 때문입니다. 따라서 읽기를 듣기보다 먼저 공부하는 것이 쉽습니다.

- 쓰기와 말하기 : 출력(output) 기능으로 묶을 수 있습니다. 말하기 연습 속도는 상대방의 대화 속도에 맞추어 조절해야 하므로 더욱 어려움이 큽니다. 반면 쓰기는 글을 쓰는 속도를 내가 조절할 수 있다는 점에서 훨씬 입문자에게 적합한 기능입니다. 또한 한번 입 밖으로 뱉은 말은 주워 담을 수 없지만, 종이 위의 글자는 얼마든지 고쳐 쓸 수 있습니다. 따라서 쓰기를 말하기보다 먼저 배우는 것이 쉽습니다.

따라서 저자들은 여러분이 (읽기 → 쓰기 → 말하기 → 듣기) 순으로 영어를 공부하는 것을 권장합니다.

인류 역사상 가장 많은 문서를 학습한 AI인 챗GPT와 함께한다면 읽기와 쓰기 실력은 매우 쉽게 쌓아 올릴 수 있습니다. 본문에서는 챗GPT의 도움을 받아 어렵고 긴 문서를 읽고 해석하는 역량을 길러나가는 방법을 안내합니다.

아울러, 여러분의 목소리를 챗GPT가 알아들을 수 있도록 만들어주는 유용한 확장 프로그램을 설치하면 챗GPT와 목소리로 대화를 주고받을 수 있습니다. 이를 활용하는 방안도 함께 소개하겠습니다.

챗GPT는 24시간 깨어있는 나만의 원어민 강사입니다. 부디 인류가 낳은 가장 뛰어난 AI를 여러분의 수족으로 활용하여 여러분의 영어실력이 향상되는 경험을 즐겨보기를 바랍니다.

02 챗GPT 사용 방법

혹시 아직 챗GPT를 사용해본 적 없는 독자분들을 위하여 챗GPT의 사용 방법을 설명하겠습니다. 챗GPT는 미국의 OpenAI라는 회사에서 출시한 일종의 채팅 사이트입니다.

· PC에서 챗GPT 사용하기

크롬, 엣지 등 여러분이 평소 인터넷 서핑을 위해 사용하는 브라우저를 실행해주세요. 그리고 주소창에 다음 URL을 입력합니다.

URL > https://chat.openai.com

· 스마트폰/태블릿에서 챗GPT 사용하기

카메라 앱을 실행하여 위 QR코드를 찍어보기 바랍니다. 카메라 화면에 작은 말풍선이 떠오를 텐데요. 그 말풍선을 터치하면 챗GPT 사이트로 이동합니다.

> * 주의사항 : 만약 앱을 설치해 챗GPT를 사용하려면 앱 게시자가 OpenAI, L.L.C 라는 명칭으로 등록되어 있는지 반드시 확인해 주세요. 그 이외의 제공자가 게시한 앱은 모두 가짜이고, 일부 악성 앱은 개인정보 탈취를 목적으로 제작되었으므로 설치하면 안 됩니다.

❶ 아래 그림은 챗GPT 사이트의 화면입니다. 처음 방문한다면 [Sign up] 버튼을 클릭하여 회원가입을 진행합니다.

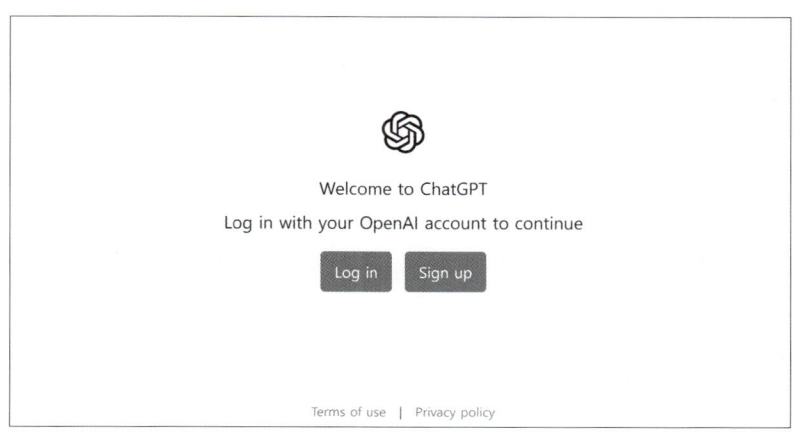

❷ 여러분의 이메일 주소를 입력하고 [Continue] 버튼을 누릅니다. 이어서 비밀번호를 지정하고 [Continue]를 눌러 회원가입을 완료합니다. 구글 계정이나 마이크로소프트 계정을 이용하여 간편 가입을 할 수도 있습니다.

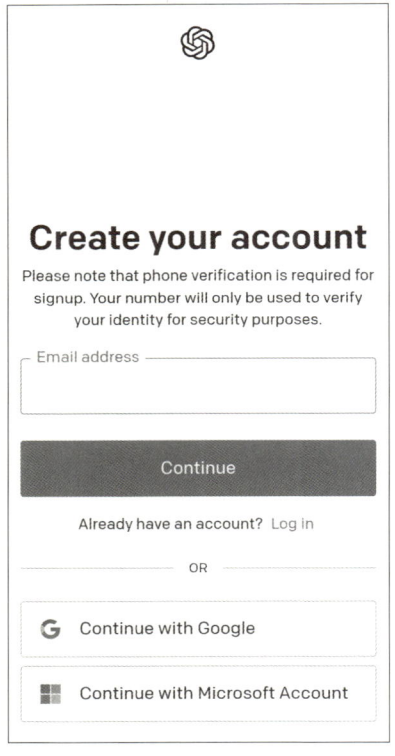 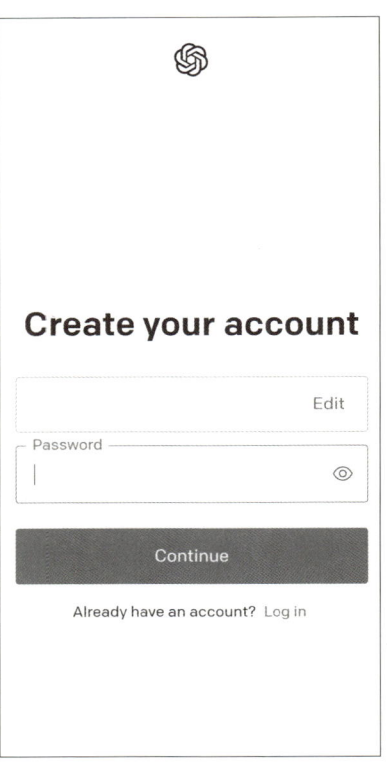

❸ 회원가입이 끝났다면 [Log in] 버튼을 눌러 로그인합니다. 몇 개의 팝업창이 뜨는데 안내되는 주의사항을 숙지하고 닫기 바랍니다.

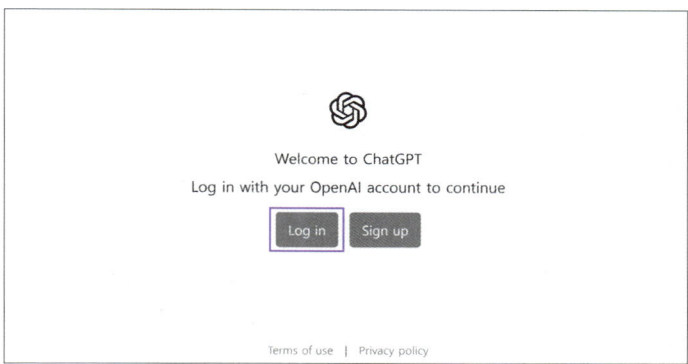

❹ 로그인에 성공하면 다음과 같은 메뉴가 표시됩니다. 화면 각 영역의 기능은 다음과 같습니다.

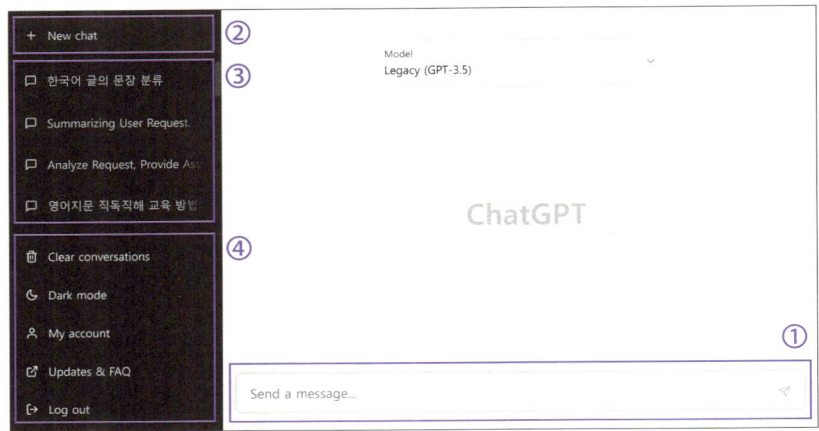

① **메시지 입력창** : 카톡처럼 메시지를 입력하고 발송할 수 있는 창입니다. 이곳에 챗GPT에 전달할 메시지를 입력하고, Enter↲ 키를 누르거나 우측의 종이비행기 아이콘(✈)을 누르면 메시지가 챗GPT에 발송됩니다. 만약 줄바꿈을 원한다면 Shift + Enter↲ 키를 누르면 됩니다. 대화가 시작되면 새로운 채팅방이 생겨납니다.

② **[+New Chat]** : 새로운 채팅방을 생성합니다. 챗GPT와 대화를 나누던 중, 다른 주제로 처음부터 대화를 나누고 싶다면 이 버튼을 눌러 채팅방을 새롭게 만들어주세요.

③ **채팅방 목록** : 여러분이 과거에 챗GPT와 나눴던 채팅방 목록이 표시됩니다. 채팅방의 제목은 대화 내용을 토대로 챗GPT가 자동으로 작성해 줍니다.

④ 설정 메뉴 : 챗GPT 화면 밝기나 계정 설정 등의 세부설정을 조절할 수 있습니다. 유료 버전인 <챗GPT Plus>를 여기서 결제할 수도 있습니다.

챗GPT로 영어를 공부한다면 무료 버전도 사용은 가능하지만 가급적 유료 버전을 권장합니다. 챗GPT와 가볍게 대화를 나누어 보기를 바랍니다. 챗GPT의 답변이 생각보다 약간 수준이 낮고, 속도도 느리다고 느껴질 수 있습니다. 왜냐하면 무료 버전에는 가장 성능이 낮은 AI가 탑재되어 있기 때문입니다. 챗GPT Plus를 유료로 결제하면 <챗GPT 터보(현재 Default)> 모델과 <GPT-4>를 사용할 수 있습니다.

모든 측면에서 챗GPT 무료 버전(Legacy, GPT-3.5)은 유료 버전(GPT-4)보다 성능과 속도가 떨어집니다. 무료 버전은 미국 변호사시험에서 하위

10% 성적을 취득하였고, 유료 버전인 GPT-4는 상위 10% 성적을 받았습니다. 이를 IQ로 환산하면 40 정도로 차이가 벌어집니다.

유료 버전의 월 사용료는 20달러 남짓입니다. 여러분이 챗GPT를 활용하여 더 높은 생산성을 발휘하거나 영어 공부에 있어 더욱 실질적인 도움을 받고 싶다면 한 달 동안만이라도 좋으니 20달러의 비용을 투자하면 좋겠습니다. 인류 역사상 가장 똑똑하고 대부분 인류보다 똑똑한 AI를 한 달 내내 수족으로 부리는 비용으로는 굉장히 저렴하게 책정된 가격인 것 같으니 말입니다. 무료 버전으로 이 책을 통해 영어 공부를 한다면 공부를 하는 데는 무리가 없겠지만, 때때로 답답한 답변을 받게 되어 공부의 흐름에 방해를 받을 수도 있습니다.

참고로 대부분 본문 예시는 유료 버전인 GPT-4로 작성되었으며, 일부 대화 예시는 Default (GPT-3.5)로 작성되었습니다.

03 챗GPT의 잠재력을 끌어내자

챗GPT의 활용성을 극대화하기 위해 '프롬프트 엔지니어링'에 대해 간단히 설명하겠습니다.[11] 챗GPT와 같은 거대 언어 모델은 어텐션(Attention)이라고 하는 구조를 활용하고 있습니다. 어텐션은 AI가 입력받은 대량의 텍스트를 한번 빠르게 훑어보고, 어느 부분에 조금 더 집중하면 좋을지를 판단합니다. 예를 들면, 책 한 권 분량의 텍스트를 입력받은 상황에서 어텐션이 활약하여 챕터별로 주제 문장만 골라낼 수 있습니다. AI는 전체를 동일한 비중으로 읽어 들이는 대신 주제 문장에만 특별히 더 주의를 기울이며 글을 읽을 수 있습니다.

챗GPT에도 어텐션이 적용되어 있습니다. 그 때문에 챗GPT의 잠재력을 끌어낼 수 있는 다양한 가능성이 열리게 되었습니다.

---

[11] 자세한 내용은 저자(반병현)의 책인 『챗GPT : GPT 노마드의 탄생』과 『프롬프트 엔지니어링(가제)』을 참고하세요.

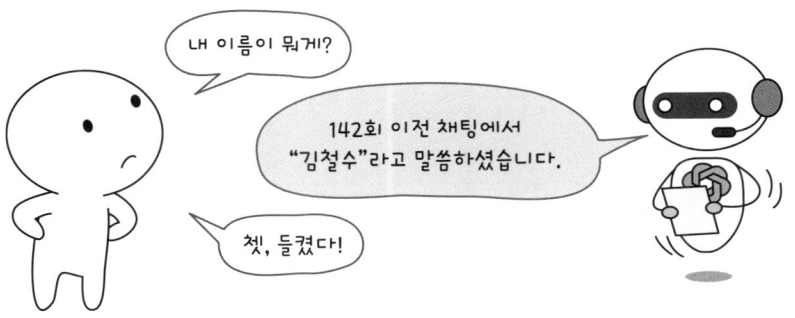

    챗GPT와 대화를 나누는 상황을 살펴봅시다. 챗GPT는 여러분의 질문에 답변하기 전, 어텐션을 활용하여 채팅창의 글을 처음부터 끝까지 한번 훑어보고 옵니다. 따라서 여러분과 과거에 나누었던 대화 내용도 마치 생생하게 기억하는 것처럼 행동할 수 있게 됩니다.

    이런 특징을 활용하면 챗GPT의 답변 성능에 개입할 수 있습니다. 예를 들어, 대한민국의 법령에 대한 정보를 채팅창에 잔뜩 입력해둔 다음 법에 대해 질문을 한다면 어떨까요? 챗GPT는 어텐션을 활용해 법령정보를 한번 슥 훑어본 다음 여러분의 질문에 대답할 것입니다. 마치 법전을 컨닝하면서 법률 시험 문제를 푸는 것처럼 말입니다.

    혹은 어떤 행동 규칙을 사전에 입력하여 두고 질문을 하는 방법도 있겠습니다. 어텐션이 과거의 대화 내용을 살펴보는 과정에서 그 행동 규칙을 다시 읽게 될 것이며, 그 규칙을 염두에 두며 챗GPT가 답변을 생성할 것입니다.

이 책에서는 영어 공부를 위해 상황에 맞게 챗GPT에 매뉴얼을 입력하거나, 질문의 범위를 재설계하거나, 간혹 챗GPT를 어르고 달래고 비난하여 성능을 비약적으로 향상시키는 방법들도 함께 소개하고 있습니다.

　따라서 이 책에서 소개하는 예시에서 여러 차례에 걸쳐 텍스트를 입력한 다음 원하는 결과를 얻어냈다면, 여러분도 동일한 텍스트를 입력한 뒤에 질문을 해야 비슷한 결과를 받아볼 수 있을 것입니다.

나만의 영어 선생님
챗GPT 영어교실

Chapter 2
챗GPT와 Writing 학습

- 01 왜 Writing 학습에 챗GPT를 활용해야 할까?
- 02 Lv. 1. 챗GPT는 영작 전문가
- 03 Lv. 2. 챗GPT는 나만의 첨삭 전문가
- 04 Lv. 3. 영작 연습을 위한 명령어 레시피 모음
- 05 Lv. 4. 패러프레이징을 통한 표현력 훈련
- 06 Lv. 5. 에세이 작성 훈련
- 07 Lv. 6. 비즈니스 문서 작성 훈련

01 왜 Writing 학습에 챗GPT를 활용해야 할까?

글로벌 시대에 살아가고 있는 만큼 소셜 미디어, 교육, 취업, 비즈니스, 학술 등에서 영어의 가치는 앞으로도 점점 커질 것입니다. 그렇다면 지금 중요한 건 무엇일까요? 바로 앞에서도 언급했듯이 학문으로써 영어에 접근하는 게 아니라 언어로 접근하는 마음가짐이 중요합니다. 다시 말해, 머릿속에 담고 있는 내용을 자신이 원하는 만큼 글로 표현할 수 있어야 한다는 것입니다.

영어를 제2의 언어(ESL, English as a Second Language)로 사용하는 인도, 필리핀, 싱가포르 등과 달리, 우리나라의 영어를 사용하는 환경은 외국어로서 배우는 EFL(English as a Foreign Language)입니다. 다시 말하면 특정 목적을 가지고서 영어를 배우는 공간을 제외하고는 영어를 쓰지 않는 환경인 거죠. 이런 이유로, 우리는 엄청난 시간과 비용을 회화나 작문에 따로 투자합니다. 하지만 들이는 노력에 비해 얻는 것은 적은 게 현실입니다.

그렇다면 챗GPT를 사용해보는 건 어떨까요? 이 챕터에서는 챗GPT를 활용하여 쓰기 영역을 향상하는 전략들에 대해 알아볼 것입니다. 쓰기 영역에서 활약하는 챗GPT의 장점은 크게 두 가지로 요약할 수 있습니다.

첫째는 접근성, 둘째는 사용자 수준의 객관화입니다. 챗GPT는 온라인상에서 접근할 수 있는 AI이기 때문에 인터넷이 연결된 모든 기기에서 사용할 수 있습니다. 그리고 원활하게 처리할 수 있는 질문만 입력하면, 사용자가 원하는 답변을 빠르게 받을 수 있습니다. 인터넷 강의에서 이해하지 못한 내용을 Q&A 게시판에 올리고 종일 답변이 왔는지 확인하는 것보다 백배는 효율적입니다. 특히 '쓰기' 영역에서는 실시간으로 피드백을 받는 게 중요하기에 챗GPT를 활용하면 매우 효율적으로 쓰기 역량을 향상하게 시킬 수 있습니다.

경력이 많은 영어 교사나 강사들도 수많은 학생의 수준과 학생에 대한 데이터를 정확하게 인지하는 건 한계가 있습니다. 프로그램을 사용해서 데이터화한다고 하지만, 챗GPT가 방대한 데이터로 처리하는 것보다는 객관성이 떨어질 것입니다. 챗GPT를 활용하면 자신의 쓰기 실력이 어느 정도인지를 여러 근거를 통해 알게 될 것입니다. 이를 통해 자신의 수준에 맞는 문장들로 쓰기를 해볼 수 있고, 즉각적인 피드백을 받아 더 완성된 글을 쓰는 방법도 알게 됩니다.

02　Lv. 1. 챗GPT는 영작 전문가

　챗GPT의 언어능력은 놀랍습니다. 주어진 텍스트에 대한 해석과 판단을 다양한 언어로 처리해 주고, 명령어를 입력하면 원하는 텍스트 생성도 가능합니다. 이는 단순히 무수히 많은 정보의 학습만이 아니라 최상의 AI를 접목시켜, 대화식으로 원하는 답을 도출할 수 있도록 만들어졌습니다. 이를 위해서는 의사소통에서 필수적인 이전의 정보들과 문맥을 기반해야 하는데, 기존의 대화형 AI는 해석의 다양한 차이를 제대로 처리하지 못해 단답형에서만 극히 제한적으로 사용되었습니다.

　우리는 문법과 맞춤법을 완벽하게 이해하고 의사소통하지 않습니다. 맞춤법 검사 프로그램을 사용하는 것이 그 증거입니다. 언어는 교수식으로 배우는 게 다가 아닙니다. 언어는 궁극적으로 사회적 목적성을 가지기 때문에 우리는 사회 안에서 노출된 채로 자연스럽게 학습합니다. 수많은 인지적 불균형과 평형을 통해 습득된 언어는 점점 조직화됩니다. 챗GPT의 놀라운 언어능력은 기존의 데이터들을 저장하는 데에 그치지 않고 이들을 유기적으로 연결시켜 문법과 맞춤법을 완벽하게 구사할 수 있게 발전합니다. 이에 따라 매우 광범위하고 추상적인 언어영역에 동문서답하지 않고 사용자가 원하는 결과물을 얻을 수 있는 것입니다.

 한국어를 영어로 번역하는 건 보통 일이 아닙니다. 공적인 문서나 서류 등은 전문번역가가 맡고 있지만 학위나 취업을 위해 요구되는 개인적인 영어문서 작성은 늘 어렵기만 합니다. 교육과정에서는 초등 3학년부터 영어를 배우기 시작합니다. 하지만 영어조기교육이 성행하면서 사실상 대부분 사람은 그전부터 영어를 배우기 시작합니다. 여기서 주목해야 할 부분은 조기교육으로 배운 영어와 학교에서의 영어 수업이 매우 다르다는 점입니다. 조기교육에서 이루어지는 영어수업은 문법 위주의 수업이 아닌 말하기와 쓰기인 표현적 기술(productive skill)을 강조합니다. 반면에, 학교의 영어 수업은 대학입시 영향으로 문법을 기반으로 한 수용적 기술(receptive skill)을 배우는 방향으로 바뀌게 됩니다. 명문대를 나온 사람들도 영어로 쓰기와 말하기를 능숙하게 하기 어려운 이유가 바로 이 때문입니다.

 이제는 더 이상 영어 때문에 시간과 비용을 낭비할 필요는 없습니다. 챗GPT 덕분에 자신이 표현하고 싶은 내용을 외국어로도 완벽하게 작성할 수 있게 되었습니다. 일기, 대본, 보고서, 논문, 소설 등 다양한 영역을 외국어로 마음껏 쓸 수 있습니다. 채팅에서도 챗GPT를 활용하여 유용하게 텍스트를 주고받을 수 있습니다.

 다음은 챗GPT(model: GPT-4)에 물어본 간단한 인사말입니다.

> 영어로 할 수 있는 간단한 인사말 알려줘.

일상적인 영어 인사말은 다음과 같습니다.

- Good morning.　　　　(좋은 아침입니다.)
- Good afternoon.　　　(좋은 오후입니다.)
- Good evening.　　　　(좋은 저녁입니다.)
- Hello.　　　　　　　　(안녕하세요.)
- Hi.　　　　　　　　　　(안녕하세요. / 반갑습니다.)
- How are you?　　　　　(어떻게 지내세요?)
- Nice to meet you.　　　(만나서 반갑습니다.)
- It's nice to see you.　　(뵙게 되어 반갑습니다.)
- How have you been?　　(어떻게 지냈어요?)
- Have a nice day.　　　　(즐거운 하루 보내세요.)

　이러한 간단한 인사말은 일상적인 상황에서 자주 사용되며, 상황에 따라 적절한 인사말을 사용하면 좋습니다.

영어를 처음 시작하는 분은 챗GPT가 알려준 앞의 문장들을 적어 봅시다. 구체적인 상황을 넣으면 본인이 원하는 문장들을 알 수 있습니다. 같이 한번 살펴보겠습니다.

> 친구랑 경복궁 앞에서 오후 5시에 만나자는 문장을 영어로 5가지 적어줘.

1 Let's meet in front of Gyeongbokgung Palace at 5 p.m.
2 How about meeting at 5 p.m. in front of Gyeongbokgung Palace with our friends?
3 We can meet at 5 p.m. in front of Gyeongbokgung Palace, what do you think?
4 Meeting at 5 p.m. in front of Gyeongbokgung Palace sounds good to me, how about you?
5 Why don't we plan to meet at 5 p.m. in front of Gyeongbokgung Palace, just like last time?

위의 문장에서 약속을 잡을 때 사용할 수 있는 표현을 물어보겠습니다.

> 앞의 문장에서 약속을 잡을 때 사용한 표현을 알려줘.

앞에서 제시한 문장에서 약속을 잡을 때 사용한 영어 표현은 다음과 같습니다.

- **Let's meet**: '만나자'라는 뜻으로 약속을 제안하는 표현입니다.
- **How about meeting**: '만나는 건 어때?'라는 뜻으로 상대방의 동의를 묻는 표현입니다.
- **We can meet**: '만날 수 있어.'라는 뜻으로 약속을 제안하는 표현입니다.
- **Meeting sounds good to me**: '만나는 건 좋아.'라는 뜻으로 약속에 동의하는 표현입니다.
- **Why don't we plan to meet**: '만나는 계획을 세워보는 건 어때?'라는 뜻으로 약속을 제안하는 표현입니다.

이러한 표현을 사용하여 상대방과 자연스러운 대화를 나누며, 약속을 잡을 수 있습니다.

편집자 주 :

1 위 프롬프트인 <앞의 문장에서 약속을 잡을 때 사용한 표현을 알려줘.>는 당연히 앞의 문장이 있어야 작동하는 프롬프트입니다.

2 GPT-3 모델인 챗GPT 무료 버전을 사용하거나 GPT-4 모델인 유료 버전을 사용할 때도 질문 의도와 다른 이상한 답변을 받을 수 있습니다.

　유료 버전 사용 시 그런 경우가 적게 일어나며 이상한 답변을 받았을 경우 메시지 입력창 위의 [Regenerate response] 버튼을 클릭하여 답변을 다시 받거나 사이트 좌측 상단의 [+ New chat] 버튼을 클릭하여 다시 대화를 시작하세요.

3 참고로 뤼튼(https://wrtn.ai/)이라는 국내 사이트에서는 GPT-4를 사용한 무료 채팅을 할 수 있습니다.

이처럼 특정 상황에 필요한 표현을 정해두고 작문 연습해보면 '쓰기' 기초를 다지는 데에 큰 도움이 될 것입니다. 자신이 표현하고자 하는 문장을 보다 정확하고 생동감 있게 전달할 수 있고, 자연스럽게 문장 구조나 어휘사용에 익숙해질 수 있습니다.

챗GPT의 자연스러운 영작 기능으로 무작정 글을 작성시키기보다는 우선 본인이 우리말로 텍스트를 작성하는 것도 중요합니다. 챗GPT와 자신의 표현 의도를 같게 만들 순 있지만, 계속 명령어를 입력하면서 맞춰가는 식은 시간상으로 다소 비효율적일 수 있기 때문입니다. 챗GPT를 영작 전문가로 최대한 활용하는 방법은 구체적인 상황에 알맞은 표현을 알아보는 것입니다. 알아본 표현을 토대로 문장을 완성해보고 자신의 최종 결과물과 비교해보는 과정에서 '쓰기' 능력을 향상할 수 있습니다. 챗GPT가 결과물을 토대로 저자의 의도를 해석하여 영어로 다시 자연스럽게 옮겨주는 능력이 이 AI의 가장 큰 장점이기 때문입니다.

03 Lv. 2. 챗GPT는 나만의 첨삭 전문가

영어 표현력(Productive Skill, 말하기/쓰기) 중 하나인 '쓰기'에서는 절대로 문법적 오류에 대해 방어적인 모습을 보이지 않는 것이 중요합니다. 우리에게 영어는 '모국어'가 아닌 '외국어'입니다. 한국인인 우리가 영어를 모르는 건 절대 부끄럽고 숨길 일이 아닙니다. 연령대가 높아질수록 개인은 더 많은 사회적 상호작용과 경험을 쌓게 되고, 이에 따라 남들이 어떻게 생각할지에 대한 인식이 높아질 수는 있습니다. 하지만 외국어는 다른 문제입니다. 반대로 생각해보면, 외국인과 문자를 실시간으로 주고받는데 완벽한 문장으로 이루어진 것이라면 오히려 어색하게 느껴질 것입니다.

챗GPT 앞에서는 부끄러울 일이 없습니다. 마음껏 자신의 글을 입력하고 똑똑한 AI에 첨삭을 받아봅시다. 예전처럼 주변에 영어를 잘하는 지인에게 부탁할 일은 이제 없을 것입니다. 비싼 돈을 내고 전문가에게 첨삭 요청을 할 일도 이제 없을 것입니다. 챗GPT는 24시간 곁에 있고, 같은 질문을 계속해도 짜증 내지 않고 눈높이에 맞게 대답해줍니다. 본인이 마음껏 쓴 문장을 챗GPT에 맡겨봅시다. 그리고 첨삭된 내용을 기반으로 문법 공부도 하며 우리말과 영어의 차이를 극복해봅시다.

다음은 영작한 내용을 첨삭한 경우입니다. 오류에 대한 구체적인 이유와 더불어 설명도 부탁해보겠습니다.

> When I was an elementary schoolchild, a teacher didn't frequently use educational equipment. Classes that used educational equipment stimulated me. It made me exciting and seemed to increasing concentration though I didn't know why. It was hard to repeat teacher's talk who has bad pronounce because teacher was not native speaker. But since use the computer to listen and repeat, I could acquire and correct my error easily. Pictures and videos were my favorite things. Teachers showed pictures or videos for us on monitor so that I motivated on today's instructional objectives.
>
> (중략)
>
> Teachers can only teach fundamental parts. But if they use a beam projector to display parts of the textbooks on the blackboard, students can easily write and understand the material because teachers can provide additional context and stress signals. In case of a celebrity or great man in textbooks, students can widen common sense for searching immediately. If it is related to their interest, it will probably be an effective class.

Like this, use the educational equipment in learning English is contribute to improve school achievement of students. Furthermore, if technology continues to develop and is applied to education, students will not necessarily need to go abroad.

(후략)

- -

첨삭 부탁해. 첨삭한 것 중에서 문법 내용도 같이 설명해줘.

🤖 1 "a teacher didn't frequently use" → "teachers didn't frequently use": 여러 교사를 일반화해서 이야기하기 때문에 복수형을 사용합니다.

🙋 계속 이어서 해줘.

🤖 1 을 더 자연스럽게 만들었습니다.

(중략)

4 "Classes that used educational equipment stimulated me." → "Classes using educational equipment stimulated me.": 동사를 현재분사 형태로 바꾸어 문장을 더 간결하게 만들었습니다.

5 "though I didn't know why" → "although I wasn't sure why": "though" 대신 "although"를 사용하여 문장을 더 공식적으로 만들고, "wasn't sure why"로 바꾸어 문장의 흐름을 개선했습니다.

6 "Pictures and videos were my favorite things." → "I especially enjoyed the pictures and videos.": 원래 문장에서는 간단하게 "favorite things"라고 표현했지만, "I especially enjoyed"로 바꾸어 문장을 더 구체적이고 표현력이 풍부하게 만들었습니다.

7 "Teachers showed pictures or videos for us" → "Teachers showed us pictures or videos": 동사 "show"에 직접 목적어와 간접 목적어의 순서를 바꾸어 문장을 더 자연스럽게 만들었습니다.

8 "if they use a beam projector to d splay parts of the textbooks on the blackboard, students can easily write and understand the material because teachers can provide additional context and stress signals." → "if they use a beam projector to display sections of the textbooks on the blackboard, students can more easily understand the material because teachers can provide additional context and emphasize important points." : "parts"를 "sections"로 변경하고, "write and understand"를 "more easily understand"로 변경하여 문장을 명확하게 했습니다. 또한 "stress signals"를 "emphasize important points"로 변경하여 문장을 더 명확하게 만들었습니다.

9 "if technology continues to develop and is applied to education, students will not necessarily need to go abroad." → "if technology continues to advance and is incorporated into education, students may not need to go abroad to study.": "develop"를 "advance"로, "applied to"를 "incorporated into"로 변경하여 문장의 표현을 개선했습니다. 또한 "necessarily"를 삭제하고 "to study"를 추가하여 문장을 더 명확하게 만들었습니다.

이러한 첨삭을 통해 전체적으로 문장의 흐름과 명확성이 개선되었습니다. 문법적인 부분도 수정되어 원래의 의미를 더 잘 전달할 수 있게 되었습니다.

첨삭을 통해 글의 적절한 표현으로 의미 전달은 더 분명해졌지만, 본 문장이 너무 길기 때문에 이번에는 문장을 간결하게 하는 첨삭을 시켜보겠습니다.

> 고마워. 문장들이 너무 긴 거 같아. 첨삭한 내용을 토대로 문장들을 더 간략하게 써줘.

1 In elementary school, teachers seldom used educational equipment. However, during middle school, they began using computers and projectors, making English classes more engaging. Using equipment like PowerPoint or Flash for creating materials is time-efficient and allows teachers to facilitate and interact with students.

Projectors displaying textbook sections on blackboards help students understand the material, providing additional context and emphasizing important points. As technology advances and is incorporated into education, studying abroad may become unnecessary, with students learning foreign languages in their homeland. Educational equipment should enhance learning experiences, fostering a positive attitude towards English.

앞의 글처럼 챗GPT는 입력된 텍스트의 내용을 정확히 파악하고 프롬프트에 따라 첨삭을 진행하는 걸 볼 수 있습니다. 또한 챗GPT는 글에서 반복적으로 나타나는 문법 오류를 찾아 사용자가 다음에 쓸 영작문에 도움을 줍니다. 대화 내용 데이터를 삭제하지만 않으면 계속 누적되기 때문에 과외선생님처럼 사용자에게 맞춤형으로 영작에 관한 유용한 정보를 제공해줍니다.

> 내가 쓴 글에서 자주 발견되는 문법적 오류가 뭐야?

분석한 글을 바탕으로, 다음과 같은 문법 오류가 자주 발견되었습니다.

1 긴 문장 사용: 문장이 너무 길면 이해하기 어려워지고 흐름이 끊길 수 있습니다. 간결한 문장으로 나누어 정보를 명확하게 전달하는 것이 좋습니다.

2 불필요한 수동태 사용: 일부 경우에서 수동태가 적절하지만, 자주 사용하면 글이 지루해질 수 있습니다. 가능한 한 주어가 동사를 수행하는 능동태를 사용하는 것이 좋습니다.

3 혼동되는 연결어 사용: 'though'와 'although'와 같은 연결어의 사용이 혼동되기 쉽습니다. 명확한 연결어를 사용하여 문장을 더 자연스럽게 만드는 것이 좋습니다.

4 목적어와 간접 목적어의 순서: 동사와 목적어, 간접 목적어의 순서를 올바르게 배치하여 문장이 자연스럽게 읽히도록 해야 합니다.

5 단어 선택: 더 정확하고 구체적인 단어를 선택하여 문장의 의미를 명확하게 전달하는 것이 중요합니다.

이러한 문법 오류를 인식하고 수정함으로써 글의 품질을 향상할 수 있습니다.

💬 내가 쓴 글에서 발견된 문법 오류를 줄이는 방법을 알려줘.

🤖 내가 쓴 글에서 발견된 문법 오류를 줄이기 위한 몇 가지 방법을 제시해 드립니다.

1 긴 문장 분리: 긴 문장은 이해하기 어려울 수 있으므로, 간결한 문장으로 나누어 정보를 명확하게 전달하세요.
2 수동태와 능동태 구분: 수동태는 필요할 때 사용하되, 주로 능동태를 사용하여 문장을 더 자연스럽게 만들어보세요.
3 연결어 사용 개선: 'though', 'although'와 같은 연결어를 정확하게 사용하여 문장을 더 자연스럽게 만들어보세요.
4 직접 목적어와 간접 목적어 순서: 동사와 직접 목적어, 간접 목적어의 순서를 올바르게 배치하여 문장이 자연스럽게 읽히도록 해보세요.
5 적절한 단어 선택: 더 정확하고 구체적인 단어를 선택하여 문장의 의미를 명확하게 전달하세요.

이러한 문제를 개선하는 방법은 다음과 같습니다.

1 문법 규칙 공부: 문법 오류를 줄이려면 영어 문법 규칙을 정확하게 이해하고 숙지해야 합니다. 온라인 자료나 교재를 활용하여 기본 문법을 공부하세요.
2 영어 글 읽기: 영어로 된 글을 많이 읽으면, 문장 구조와 어휘, 표현을 자연스럽게 익힐 수 있습니다. 다양한 장르와 난이도의 글을 읽어보세요.

3 글쓰기 연습: 꾸준한 글쓰기 연습을 통해 문법 오류를 줄이고 글쓰기 습관을 개선할 수 있습니다. 글을 쓰고 나서 오류를 찾아 수정하는 과정을 반복하세요.

4 동료 피드백 요청: 다른 사람에게 글을 읽어주고 피드백을 받으면, 자신이 발견하지 못한 문제점을 찾을 수 있습니다. 영어 사용 능력이 높은 동료나 친구에게 도움을 요청하세요.

5 온라인 도구 활용: 문법 검사 도구나 교정 프로그램을 사용하면 글에서 발견되는 문법 오류를 쉽게 찾을 수 있습니다. Grammarly, Hemingway Editor 등의 도구를 활용해보세요.

6 시간을 두고 재검토: 글을 쓴 후 시간을 두고 다시 검토하면 새로운 시각이 생겨 문법 오류를 발견할 수 있습니다. 가능하면 하루 정도 지난 후에 다시 읽어보세요.

7 고정된 어휘/표현 익히기: 일상적으로 자주 사용되는 어휘와 표현을 익혀 두면, 문장을 더 자연스럽게 만들 수 있습니다. 영어 원어민들이 자주 사용하는 표현을 찾아 연습해보세요.

8 글쓰기 워크숍 참여: 영어 글쓰기 워크숍이나 강의에 참여하면, 전문가의 지도를 받고 다른 참가자들과 함께 실습할 수 있습니다. 이를 통해 개선점을 발견하고 문법 실력을 향상할 수 있습니다.

이러한 방법들을 꾸준히 시도하면, 자신이 쓴 글에서 발견된 문법 오류를 줄일 수 있습니다. 언어 학습에는 시간과 노력이 필요하므로 포기하지 말고 꾸준히 연습하세요. 기본적인 문법 지식을 확실히 익히고, 다양한 글쓰기 연습을 통해 실력을 향상하면, 글쓰기에서 발견되는 실수를 크게 줄일 수 있습니다.

우리말을 영어로 번역할 때 겪는 어려움은 여러 가지 이유가 있습니다. 우리말과 영어는 서로 다른 언어 계열에 속해 있어서 문법적 차이가 클 수밖에 없습니다. 어순의 차이도 있지만 영어에서는 서술어와 시제의 개념이 강조됩니다. 문화적인 차이도 있어 이를 제대로 이해하지 못하고 글쓰기를 실행할 경우, 어휘와 그 밖에 숙어, 관용구 표현도 미묘하게 다르므로 동일한 의미를 전달하는 적절한 영어 단어를 찾기도 어렵습니다. 전문가들도 가장 어려워하는 부분이 각 언어의 고유한 어조, 뉘앙스 등입니다. 결국엔 꾸준한 연습과 노력이 필요하지만, 이에 드는 엄청난 시간과 비용을 챗GPT를 통해서 아낄 수 있습니다.

다음은 첨삭을 통한 쓰기 공부법을 구체적으로 챗GPT를 통해 알아보겠습니다. 우선 챗GPT를 사용자에게 맞게 최적화시키는 작업이 필요합니다. 사용자의 영어 실력에 맞추어 답을 하기 때문에 '길들이기'가 필요합니다. 이후에 문장을 최대한 간단하게 영어로 쓰고, 해당 문장의 의미를 훼손시키지 않은 채 문장 구조를 확장해 나가는 방식으로 어휘나 수식어구를 파악하는 방향으로 가는 게 좋습니다. 문장이 복잡하고 어려워 보이는 이유는 부가적인 내용(수식어구)들이 들어가 있기 때문입니다. 천천히 단계별로 번역과 첨삭을 통해 자신의 영작 실력을 키워보세요.

> I am hair designer. My job is design people head. My dream is open hair shop.
>
> 영어로 한번 써봤어. 내가 영어를 하나도 모르거든. 문법 설명을 해줘도 이해 못하니까 틀린 부분이 있으면 최대한 쉽게 알려주고 첨삭해줘.

네, 당신의 문장을 이해했습니다. 영어로 다시 써보겠습니다. 문법에 대한 설명을 최대한 간단하게 하겠습니다.

원문

I am hair designer. My job is design people head. My dream is open hair shop.

수정본

I am a hair designer. My job is to design people's hair. My dream is to open a hair salon.

1 "I am hair designer"를 "I am a hair designer"로 변경했습니다. 'a'를 사용하여 "머리 디자이너"라는 직업을 가리킵니다.

2 "My job is design people head"를 "My job is to design people's hair"로 변경했습니다. 'to design'은 동사를 사용하고 'people's hair'는 소유격을 사용하여 '사람들의 머리를 디자인'이라는 의미를 표현합니다.

3 "My dream is open hair shop"를 "My dream is to open a hair salon"으로 변경했습니다. 'to open'은 동사를 사용하고 'a hair salon'은 더 자연스러운 표현입니다.

> 고마워. 이 문장에서 조금 더 길게 쓸 수는 없을까?

네, 문장을 좀 더 길게 써드릴게요.

원문

I am a hair designer. My job is to design people's hair. My dream is to open a hair salon.

확장본

I am a professional hair designer who specializes in creating stylish and unique hairstyles for clients. My job involves designing and crafting the perfect look for each person's hair, taking into account their individual preferences and needs. One day, I aspire to fulfill my dream of opening my own hair salon, where I can continue to express my creativity and passion for hair design while providing top-notch services to customers.

> 왜 이렇게 어렵게 썼어? 나 영어 전혀 모른다고 했잖아!

> 죄송합니다. 조금 더 간단한 문장으로 다시 작성해 드리겠습니다.

원문

I am a hair designer. I make people's hair look nice. My dream is to have my own hair salon one day. I want to make many people happy with their hair.

> 고마워. 추가된 내용이 뭐야?

> 죄송합니다. 조금 더 간단한 문장으로 다시 작성해 드리겠습니다.
>
> 추가된 내용은 다음과 같습니다.
>
> 1 "I make people's hair look nice." - 사람들의 머리를 예쁘게 만든다는 내용을 추가했습니다.
> 2 "I want to make many people happy with their hair." - 많은 사람이 머리 스타일에 만족할 수 있도록 돕고 싶다는 내용을 추가했습니다.

이렇게 두 가지 내용을 원래 문장에 추가하여 좀 더 자세하게 설명했습니다.

> 문장에 나온 단어들 의미도 알려줘.

문장에 나온 단어들의 의미는 다음과 같습니다.

1. hair designer - 머리 스타일을 디자인하는 전문가
2. make - 만들다, 여기서는 머리 스타일을 꾸미다로 해석할 수 있습니다.
3. people - 사람들
4. hair - 머리카락
5. ook nice - 예쁘게 보이다
6. dream - 꿈, 목표
7. have - 가지다, 소유하다
8. own - 자신의, 소유하고 있는
9. hair salon - 미용실
10. one day - 언젠가, 미래의 어떤 시점
11. want - 원하다, 바라다
12. many - 많은
13. happy - 행복한, 만족한
14. with - ~와 함께, ~에 대하여

이 단어들을 이해하면 문장의 전체적인 의미를 파악하는 데 도움이 될 것입니다.

> 🧑 "people's"에 "s"는 뭐야?

🤖 "people"에 붙은 "s"는 소유격을 나타내는 접미사입니다. 이 경우, "s"는 사람들이 소유하고 있는 것을 표현하며, "people's hair"는 "사람들의 머리카락"이라는 의미가 됩니다.

영어에서는 "'s"를 사용하여 명사의 소유를 나타낼 수 있습니다. 예를 들어, "Tom's book"은 "톰의 책"이라는 뜻입니다.

앞의 대화는 영어를 거의 모르는 사용자가 참고하기 좋은 예입니다. 사용자의 개인적 정보를 한 번만 말하기보다는 명령어를 입력할 때 계속해서 상기시켜주는 방식으로 진행하면 원하는 답을 원활하게 유도할 수 있습니다. 앞의 대화를 계속 이어가 보겠습니다.

> I am a hair designer. I make people's hair look nice. My dream is to have my own hair salon one day. I want to make many people happy with their hair.
>
> 문장의 연결성이 부족한 거 같아. 도와줘.

문장의 연결성을 높이기 위해 연결사와 일부 단어를 추가하여 문장을 수정해 드리겠습니다.

수정본

I am a hair designer who makes people's hair look nice. My dream is to have my own hair salon one day, so I can make many people happy with their hair.

1 첫 번째 문장에서 "I make people's hair look nice"를 "who makes people's hair look nice"로 변경하여 "I am a hair designer"와 자연스럽게 연결하였습니다.

2 두 번째와 세 번째 문장을 연결하기 위해 "so"를 사용하였습니다. "so"는 "그래서"의 의미로, 이 문장에서는 자신의 미용실을 가지는 꿈이 많은 사람이 머리 스타일에 만족할 수 있도록 돕기 위함임을 나타냅니다.

> "who makes people's hair look nice"에서 "who"는 "누구" 아니야?

예, "who"는 보통 "누구"를 의미하지만, 이 경우에는 문장에서 관계대명사로 사용되었습니다. 관계대명사는 앞선 명사와 관련된 정보를 제공하는 역할을 합니다.

이 문장에서 "who"는 "I am a hair designer" 뒤에 오는 부분을 설명하는 데 사용되었습니다. "who makes people's hair look nice"는 "머리카락을 예쁘게 만드는"이라는 추가 정보를 제공하며, 이를 통해 "머리카락을 예쁘게 만드는 머리 디자이너"라는 의미가 됩니다. 그래서 이 문장에서 "who"는 "누구"라는 의미가 아니라 문장을 연결하는 역할을 하는 관계대명사입니다.

> 문법 용어는 하나도 모른다고 말했잖아. 관계대명사라는 용어 쓰지 말고 설명해줘.

죄송합니다. 간단하게 설명해 드리겠습니다.
이 경우의 "who"는 "누구"를 뜻하지 않고, 앞서 언급한 '머리 디자이너'와 관련된 정보를 추가하기 위해 사용됩니다. "who"는 이 문장에서 '머리 디자이너'와 '머리카락을 예쁘게 만드는' 사이를 연결해주는 역할을 합니다. 따라서 문장 전체의 의미는 "머리카락을 예쁘게 만드는 머리 디자이너"가 됩니다.

> 그러면 추가 정보를 제공할 때, "who"만 사용하면 되는 거야?

"who"는 주로 사람에 관한 추가 정보를 제공할 때 사용합니다. 그러나 다른 대상에 대한 추가 정보를 제공하려면 다른 관계대명사를 사용해야 합니다. 여기 몇 가지 예를 들어 보겠습니다.

1 who - 사람에 대한 추가 정보를 제공합니다.
   예: The man who helped me is my neighbor.
   (나를 도와준 남자는 이웃입니다.)

2. which - 사물, 동물, 개념 등에 대한 추가 정보를 제공합니다.
   예: The book which I bought is interesting.
   (내가 산 책은 흥미롭다.)

3. that - 사람과 사물 모두에 대한 추가 정보를 제공합니다.
   (who 또는 which 대신 사용 가능)
   예: The woman that I saw was crying.
   (내가 본 여자는 울고 있었다.)
   예: The phone that I lost was expensive.
   (내가 잃어버린 전화기는 비쌌다.)

따라서 추가 정보를 제공할 때 상황에 맞는 관계대명사를 사용하면 됩니다.

따라서 챗GPT의 첨삭을 통해 영어 작문 실력을 향상하는 방법 중 우선은 챗GPT의 첨삭을 이용하여 작문을 꾸준히 연습하고 피드백을 받는 것입니다. 그다음 피드백에서 언급된 문법 오류와 개선 사항을 이해하고, 이를 적용하려 노력해야 합니다. 만약 첨삭한 내용이 마음에 들지 않는다면 작문의 완성도를 높이기 위해 챗GPT에 반복적으로 첨삭 요청을 할 수도 있습니다. 자신이 쓴 글을 분석하는 과정에서 자주 발견되는 실수나 부족한 부분을 파악하고, 이에 초점을 맞춰 개선한다면 영어 작문 실력이 많이 향상될 것입니다.

04 | Lv. 3. 영작 연습을 위한 명령어 레시피 모음

'일상'에서 쓰는 표현 - ~ 묻기

1 안부: 영어로 할 수 있는 간단한 인사말들을 알려줘.

2 직업: 영어로 직업을 묻는 표현을 알려줘.

3 좋아하는 것: 영어로 좋아하는 것을 묻는 표현을 알려줘.

4 싫어하는 것: 영어로 싫어하는 것을 묻는 표현을 알려줘.

5 계획: 영어로 계획을 묻는 표현을 알려줘.

'일상'에서 쓰는 표현 - ~ 하기

1 인사: 영어로 할 수 있는 간단한 인사말들을 알려줘.

2 안부: 영어로 안부 인사 표현을 알려줘.

3 감사: 영어로 감사를 전할 때 사용하는 표현을 알려줘.

4 소개: 영어로 소개할 때 사용하는 표현을 알려줘.

5 요구(요청, 명령, 제안, 약속): 영어로 요구할 때 사용하는 표현을 알려줘.

6 축하: 영어로 축하할 때 사용하는 표현을 알려줘.

7 도움: 영어로 도움을 구할 때 사용하는 표현을 알려줘.

8 약속: '장소'에서 '날짜/시간'에 만나자는 문장을 영어로 몇 가지 적어줘.

9 유감: 영어로 유감을 전할 때 사용하는 표현을 알려줘.

10 부탁: 영어로 부탁할 때 사용하는 표현을 알려줘.

'비즈니스'에서 쓰는 표현

1 이메일: 1) 이메일 양식을 영어로 써줘.
   2) 상황: 고객이 주문한 물건이 다른 배송지로 배송되었다. 고객에게 양해를 구하고 20% 할인쿠폰을 드리기로 했다.

   이메일 양식을 사용해서 영어로 작성해줘.
   3) 위의 이메일에서 주요 영어 표현을 알려줘.

2 보고서: 1) 보고서 양식을 영어로 써줘.
   2) 아래의 정보들을 토대로 영어 보고서를 작성해줘.

제목: 온라인 시장 확산으로 인한 오프라인 시장 향후 전망 요약-온라인 시장 확산으로 오프라인 시장 경쟁력이 상대적으로 감소할 것으로 보입니다. 따라서 오프라인 매장에서만 구매할 수 있는 품목들을 늘리는 것이 필요합니다.
3) 위의 보고서에서 주요 영어 표현을 알려줘.

3 이력서: 이력서 양식을 영어로 쓰고 한글 뜻도 적어줘.

4 안내: 영어로 안내할 때 사용하는 표현을 알려줘.

5 공지: 영어로 공지할 때 사용하는 표현을 알려줘.

6 업무 관련 문의 및 답변: 영어로 업무 관련 문의 및 답변에서 사용할 수 있는 표현을 알려줘.

첨삭 명령어

1 첨삭 부탁해. 첨삭한 것 중에서 문법 내용도 같이 설명해줘.

2 문장들이 너무 긴 거 같아. 첨삭한 내용을 토대로 문장들을 더 간략하게 써줘.

3 내가 쓴 글에서 자주 발견되는 문법적 오류가 뭐야?

4 내가 쓴 글에서 발견된 문법 오류를 줄이는 방법을 알려줘.

5 영어로 한번 써봤어. 내가 영어를 하나도 모르거든. 문법 설명을 해줘도 이해 못하니까 틀린 부분이 있으면 최대한 쉽게 알려주고 첨삭해줘.

6 이 문장에서 조금 더 길게 쓸 수는 없을까?

7 왜 이렇게 어렵게 썼어? 나 영어 전혀 모른다고 했잖아!

8 추가된 내용이 뭐야?

9 문장에 나온 단어들 의미도 알려줘.

10 "people's"에 "'s"는 뭐야?

11 문장의 연결성이 부족한 거 같아. 도와줘.

12 "who makes people's hair look nice"에서 "who"는 "누구" 아니야?

13 문법 용어는 하나도 모른다고 말했잖아. 관계대명사라는 용어 쓰지 말고 설명해줘.

14 그러면 추가 정보를 제공할 때, "who"만 사용하면 되는 거야?

패러프레이징[12] 명령어

1 챗GPT를 사용해서 패러프레이징하는 전략들을 알려줘.

2 이 글에서 핵심 어휘들의 유의어를 적어줘.

3 이 글의 주제문과 그것을 뒷받침하는 가장 중요한 문장들만 표시해줘.

---

[12] 패러프레이징에 대해서는 다음 절에서 자세히 설명하고 있습니다.

4 1. 영어로 첨삭해줘
  2. 자세한 설명은 한국어로 해줘.

5 이 글을 패러프레이징해 줘.

6 이 글을 간략하게 패러프레이징해 줘.

7 이 글에서 중복되는 부분을 설명해줘.

8 중복된 부분을 피해서 패러프레이징을 해봤어. 잘한 점과 부족한 점을 설명해주고, 첨삭까지 해줘.

에세이 명령어

1 에세이의 구성 요소들을 알려줘.

2 이 에세이를 영어로 번역하는 데 필요한 명사, 형용사, 부사들을 알려줘.

3 영어로 쉽게 번역해줘.

4 내가 쓴 에세이야.
  1. 어휘가 적절하고 문법 오류가 없는지 첨삭해줘.
  2. 자세한 설명은 한국어로 부탁해.

05 Lv. 4. 패러프레이징을 통한 표현력 훈련

첨삭 단계를 넘어서 영어 작문 능력을 키우기 위해서는 주어진 글을 패러프레이징(Paraphrasing)하는 방법을 알아야 합니다. 패러프레이징이란 원문의 내용을 자신의 언어와 문장 구조로 바꾸어 다시 표현하는 것입니다. 패러프레이징의 목적은 원문의 의미를 유지하면서 더 풍부한 표현으로 전달하고, 독자가 이해하기 쉽게 만드는 것입니다. 이 과정에서 독자의 관점에 맞게 어휘와 문장 구조를 조절하며, 글쓰기 능력을 개선하고 언어 다양성을 높일 수 있습니다.

패러프레이징의 필요성은 복잡한 개념이나 정보를 이해하기 쉽게 전달하는 것입니다. 원문의 언어와 문장 구조가 사용자에게 낯설거나 이해하기 어려운 경우, 패러프레이징을 통해 자신의 표현으로 정보를 제공할 수 있습니다. 또한 다양한 관점과 의견을 종합적으로 이해하고 분석할 수 있게 도와줍니다. 본인이 쓰고자 하는 글을 더 깊이 있게 이해할 수 있으며, 더 나아가 다양한 자료와 효과적으로 비교하고 통합함으로써 작문 실력을 향상할 수 있습니다.

먼저 챗GPT가 말하는 <챗GPT를 사용한 패러프레이징 전략>은 다음과 같습니다.

> 챗GPT를 사용해서 패러프레이징하는 전략들을 알려줘.

챗GPT를 사용하여 패러프레이징하는 전략들은 다음과 같습니다.

1 원문 입력: 챗GPT에 원문을 입력하여 패러프레이징을 요청합니다. 예를 들어, "패러프레이즈: [원문]" 형식을 사용하여 원문을 입력하고 챗GPT에 패러프레이징 작업을 요청할 수 있습니다.

2 구체적인 지시: 원하는 결과를 얻기 위해 구체적인 지시를 제공하는 것이 중요합니다. 예를 들어, "이 문장을 더 간단하게 표현해 주세요" 또는 "이 문장을 공식적인 어휘로 다시 써주세요"와 같은 명확한 지시를 제공할 수 있습니다.

3 다양한 시도: 여러 번의 시도를 통해 다양한 패러프레이징 결과를 얻을 수 있습니다. 챗GPT가 제공하는 첫 번째 결과가 만족스럽지 않은 경우, 다시 시도하여 다른 결과를 얻을 수 있습니다.

4 문장 분할: 긴 문장이나 복잡한 내용을 처리할 때는 문장을 분할하여 작은 단위로 입력하면 더 나은 결과를 얻을 수 있습니다. 이를 통해 챗GPT가 각 부분을 더 정확하게 이해하고 적절한 패러프레이징을 제공할 수 있습니다.

5 결과 검토: 챗GPT가 생성한 결과를 검토하고 필요한 경우 수정해야 합니다. 챗GPT는 완벽하지 않기 때문에 결과물이 항상 정확하거나 적절하지 않을 수 있습니다. 결과를 확인하고 문맥에 맞게 수정하여 최종 패러프레이징 결과를 완성하세요.

챗GPT를 사용하여 패러프레이징 작업을 수행할 때 이러한 전략들을 활용하면 더 정확하고 효과적인 결과를 얻을 수 있습니다. 여러 번의 시도와 결과 검토를 통해 원하는 결과물을 얻으세요.

챗GPT를 활용하여 패러프레이징할 때, 사용자는 글을 작은 단위에서부터 재구성해보는 연습을 해야 합니다. 처음에는 유의어를 사용해서 단어 중심의 패러프레이징해 봅니다. 점차 문장 단위, 문단 단위로 확장시켜 패러프레이징해 보면 상대방의 글이나 아이디어까지도 본인의 표현이 담긴 글로 작성할 수 있게 됩니다. 그러기 위해서는 챗GPT에 입력한 글의 핵심어휘의 유의어들을 묻는 걸로 시작해야 합니다.

🙂 Scientists use paradigms rather than believing them.
The use of a paradigm in research typically addresses related problems by employing shared concepts, symbolic expressions, experimental and mathematical tools and procedures, and even some of the same theoretical statements.
Scientists need only understand how to use these various elements in ways that others would accept.

These elements of shared practice thus need not presuppose any comparable unity in scientists' beliefs about what they are doing when they use them.

Indeed, one role of a paradigm is to enable scientists to work successfully without having to provide a detailed account of what they are doing or what they believe about it.

Thomas Kuhn noted that scientists "can agree in their identification of a paradigm without agreeing on, or even attempting to produce, a full interpretation or rationalization of it.

Lack of a standard interpretation or of an agreed reduction to rules will not prevent a paradigm from guiding research."

이 글에서 핵심어휘들의 유의어를 적어줘.

이 글에서의 핵심어휘와 그것의 유의어는 다음과 같습니다.

1. Paradigms (패러다임)
   - 유의어: framework (프레임워크), model (모델)
2. Shared concepts (공유된 개념)
   - 유의어: common ideas (공통된 생각), collective notions (집단적인 개념)
3. Symbolic expressions (상징적 표현)
   - 유의어: representative symbols (대표적인 기호), indicative signs (지시적인 기호)
4. Experimental and mathematical tools (실험적 및 수학적 도구)
   - 유의어: research instruments (연구 도구), quantitative methods (양적 방법)
5. Theoretical statements (이론적 명제)
   - 유의어: hypothesis (가설), propositions (주장)
6. Research (연구)
   - 유의어: investigation (조사), study (연구), inquiry (탐구)
7. Employing (사용)
   - 유의어: utilizing (활용), applying (적용), adopting (채택)
8. Beliefs (믿음)
   - 유의어: convictions (신념), views (관점), opinions (의견)
9. Role (역할)
   - 유의어: function (기능), purpose (목적), responsibility (책임)
10. Interpretation (해석)
    - 유의어: explanation (설명), understanding (이해), elucidation (명료화)

이 글에서 언급된 핵심어휘와 유의어를 참고하여 글을 이해하고 분석하는 데 도움이 되기를 바랍니다.

앞의 정보를 토대로 단어 중심의 패러프레이징해 본 뒤, 이어서 챗GPT에 주제문과 뒷받침하는 문장을 물어봅시다. 문장 단위로 재구성할 때, 문장의 구조를 정확하게 파악하고 간략하게 하는 연습은 필요합니다. 첨삭 받는 과정도 뺄 수 없죠. 문장을 간략하게 재구성하는 과정에서 자연스럽게 각 문장이 전달하는 내용을 정확하게 파악하게 될 것입니다. 다음의 대화를 참고해서 패러프레이징에 활용해보겠습니다.

> (이전 글과 동일)
> 이 글의 주제문과 그것을 뒷받침하는 가장 중요한 문장들만 표시해줘.

주제문: "Scientists use paradigms rather than believing them."
뒷받침하는 중요한 문장들.

1 "The use of a paradigm in research typically addresses related problems by employing shared concepts, symbolic expressions, experimental and mathematical tools and procedures, and even some of the same theoretical statements."

2 "Scientists need only understand how to use these various elements in ways that others would accept."

3 "Indeed, one role of a paradigm is to enable scientists to work successfully without having to provide a detailed account of what they are doing or what they believe about it."

4 "Thomas Kuhn noted that scientists 'can agree in their identification of a paradigm without agreeing on, or even attempting to produce, a full interpretation or rationalization of it. Lack of a standard interpretation or of an agreed reduction to rules will not prevent a paradigm from guiding research.'"

챗GPT가 구분한 주제문과 그것을 뒷받침하는 문장들로 패러프레이징을 진행한 뒤, 첨삭과 설명을 부탁해보겠습니다.

🙂 주제문: Scientists more use frameworks than believing them.

뒷받침하는 중요한 문장들

1 The use of a framework in research commonly deals with problems by using various things about experiments.
2 Scientists only focus on understanding them the way that others would accept.
3 A framework enables scientists to work successfully without providing a detailed explanation.
4 Thomas Kuhn mentioned that scientists so strongly believe their a framework that they do not agree on nor produce of it. Lack of a detailed explanation will continue to guide research.

1. 영어로 첨삭해줘.
2. 자세한 설명은 한국어로 해 줘.

첨삭된 영어 패러프레이징

주제문: Scientists focus more on using paradigms than believing in them.

뒷받침하는 중요한 문장들

1 The use of a paradigm in research typically addresses related problems by utilizing various aspects of experiments.

2 Scientists concentrate on understanding paradigms in a way that others would accept.

3 A paradigm allows scientists to work successfully without providing a detailed explanation.

4 Thomas Kuhn pointed out that scientists have such strong faith in their paradigms that they neither agree on nor produce a full interpretation of them. The lack of a detailed explanation will continue to guide research.

자세한 설명 (한국어):

1 패러다임을 'framework' 대신 사용하였습니다. 'framework'는 더 일반적인 개념이기 때문입니다.

2 'using various things about experiments'를 'utilizing various aspects of experiments'로 수정하여 문장의 의미가 더 명확해졌습니다.

3 'the way that others would accept'를 'in a way that others would accept'로 수정하여 문맥에 맞게 표현하였습니다.

4 'scientists so strongly believe their a framework'를 'scientists

have such strong faith in their paradigms'로 수정하여 표현을 명확하게 하였습니다.

문장 단위로 패러프레이징하고 첨삭 받은 뒤, 연결어(접속사)를 사용하여 한 문단으로 만드는 것이 최종 단계입니다. 단, 여기서 중요한 것은 챗GPT에 패러프레이징을 명령할 때, '짧게', '간략히'를 꼭 입력해야 합니다. 왜냐하면 무작정 패러프레이징을 명령했을 때, 글이 이루고 있는 구성에만 맞추어 재구성하기 때문에 문장 단위로 패러프레이징이 이루어지는 것이나 다름없기 때문입니다. 예를 들어, 다음 내용을 살펴보겠습니다.

〈일반적인 패러프레이징을 명령한 경우〉

> (이전 글과 동일)
> 이 글을 패러프레이징해 줘.

> Scientists utilize paradigms instead of simply believing in them. When conducting research, a paradigm helps address relevant issues by incorporating shared ideas, symbolic representations, and experimental and mathematical methodologies.
>
> It is essential for scientists to know how to use these components in a manner that is widely accepted.

These shared practices don't necessarily assume a unified belief system among scientists when they employ them. In fact, a paradigm's purpose is to allow scientists to work effectively without needing to explain their actions or beliefs in detail.

As Thomas Kuhn pointed out, scientists can identify a paradigm without agreeing on or trying to create a comprehensive interpretation or justification of it.

The absence of a standard interpretation or agreed-upon rules will not hinder a paradigm's ability to guide research.

〈간략한 패러프레이징을 명령한 경우〉

> 🙂 (이전 글과 동일)
> 이 글을 간략하게 패러프레이징해 줘.

🤖 Scientists focus on utilizing paradigms in research rather than simply believing in them.

Paradigms help address various problems by incorporating shared concepts, tools, and methods.

Scientists only need to understand how to use these elements effectively, and paradigms enable them to work successfully without detailed explanations.

Thomas Kuhn argued that a lack of standard interpretation does not prevent a paradigm from guiding research.

패러프레이징의 마지막 단계인 문단 단위 패러프레이징은 앞에서 언급했던 '간략한 패러프레이징'과 같습니다. 긴 글을 한 문단으로 요약하는 건 '쓰기'에 대한 종합적인 요소가 필요합니다. 핵심 개념을 파악한 뒤, 중복되는 부분을 제거하는 것이 중요하고, 명확한 구조로 나타내야 합니다. 핵심 개념과 명확한 구조는 앞에 설명했으니 중복되는 부분을 챗GPT에 물어보겠습니다.

> 🙂 (이전 글과 동일)
> 이 글에서 중복되는 부분을 설명해줘.

🤖 이 글에서 중복되는 불필요한 부분은 다음과 같습니다.

1 "Scientists need only understand how to use these various elements in ways that others would accept."와 "These elements of shared practice thus need not presuppose any comparable unity in scientists' beliefs about what they are doing when they use them."

두 문장은 과학자들이 공유된 개념을 사용하는 방법에 대한 이해와 관련된 내용을 다루고 있습니다.

2 "Indeed, one role of a paradigm is to enable scientists to work successfully without having to provide a detailed account of

what they are doing or what they believe about it."와 "Thomas Kuhn noted that scientists 'can agree in their identification of a paradigm without agreeing on, or even attempting to produce, a full interpretation or rationalization of it.'"

두 문장은 과학자들이 패러다임을 사용하면서 자세한 해석이나 논리적 근거를 제공하지 않아도 그 역할을 수행할 수 있다는 점을 강조하고 있습니다.

2개의 문장의 맥락이 중복되는 부분이 있기 때문에 주의하며 패러프레이징을 진행하고 첨삭까지 받아보겠습니다. 첨삭은 항상 마지막에 받아야 하는 필수요소입니다. 첨삭 명령을 할 때, 잘한 점과 부족한 점을 챗GPT에 물어보는 방법도 좋습니다.

> Scientists only use various elements that others would accept. These elements are so called paradigm. It enables scientists to work without agreeing or producing a perfect explanation. Thomas Kuhn pointed to the role of a paradigm. In short, lack of a perfect explanation of a principle will keep guiding research.
>
> 중복된 부분을 피해서 패러프레이징을 해봤어. 잘한 점과 부족한 점을 설명해주고, 첨삭까지 해줘.

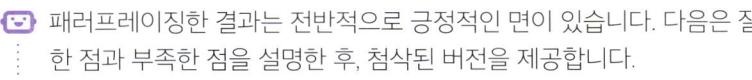
패러프레이징한 결과는 전반적으로 긍정적인 면이 있습니다. 다음은 잘한 점과 부족한 점을 설명한 후, 첨삭된 버전을 제공합니다.

잘한 점

1 중복된 부분을 제거하여 문장이 간결해졌습니다.
2 주요 개념인 패러다임의 역할을 명확하게 전달하고 있습니다.
3 Thomas Kuhn의 견해를 요약하여 포함하였습니다.

부족한 점

1 "These elements are so called paradigm." 이 부분은 약간의 문법 오류가 있습니다.
2 원문의 일부 중요한 정보가 누락되어 있습니다(예: 연구에서 패러다임의 사용이 관련 문제를 해결하는 데 도움이 된다는 점).

첨삭된 버전

Scientists utilize various elements, known as paradigms, which are widely accepted by others. These paradigms enable scientists to work effectively without needing to agree on or produce a perfect explanation. Thomas Kuhn highlighted the role of paradigms, emphasizing that the absence of a flawless explanation will not hinder a paradigm from guiding research.

더 다양한 글을 지금까지의 방법으로 패러프레이징을 해본다면 여러분의 쓰기 실력은 또 한층 더 향상될 것입니다. 특히 자신의 문장 구성 능력과 어휘력을 향상하는 노력을 기울이면, 더욱 효과적이고 창의적인 글쓰기를 할 수 있게 될 것입니다. 계속해서 노력하며 자신의 글쓰기 실력을 개선해 나가길 바랍니다.

06 Lv. 5. 에세이 작성 훈련

　자신이 이해한 글을 패러프레이징을 통해 자신만의 글로 쓸 수 있게 되면, 다음 단계인 에세이 작성으로 나아갈 수 있습니다. 에세이는 주제나 아이디어에 대해 작가의 견해, 생각, 논리, 경험 등을 서술한 짧은 글입니다. 에세이는 주로 문학적, 철학적, 사회적, 정치적 등 다양한 주제로 구성되며, 독자에게 인식을 제공하거나 특정한 관점을 전달하는 목적으로 작성됩니다.

　에세이를 작성하면 자기 생각과 논점을 명확하게 정리하고, 조직화하는 데 도움이 됩니다. 자신만의 독창적인 아이디어를 펼치고, 표현력을 향상시킬 수 있어 에세이 작성은 글쓰기 능력을 키우는 데 꼭 필요한 과정입니다. 전 단계인 첨삭과 패러프레이징에서 문법, 구조, 어휘 등을 이해한 뒤, 에세이를 써봅시다. 챗GPT가 야기하는 에세이의 구성요소는 다음과 같습니다.

> 에세이의 구성요소들을 알려줘.

에세이의 구성요소는 다음과 같습니다.

1 소개(Introduction): 에세이의 시작 부분으로, 주제를 소개하고 독자의 관심을 끌어야 합니다. 또한, 주제에 대한 배경 정보를 제공하고 논문의 주요 목적과 목표를 명확히 설명해야 합니다.

2 명제(Thesis Statement): 소개 부분의 마지막 문장에서 제시되는 에세이의 핵심 주장입니다. 명제는 에세이의 주요 논점을 간결하게 표현해야 하며, 에세이 전체의 방향과 구조를 제시합니다.

3 본문(Body): 에세이의 주요 부분으로, 주장을 뒷받침하는 논증과 근거를 제시합니다. 본문은 여러 개의 단락으로 구성되며, 각 단락은 하나의 주요 아이디어를 중심으로 구성되어야 합니다. 각 단락의 첫 문장은 주요 아이디어를 제시하는 주제 문장이어야 하며, 그다음에는 해당 아이디어를 뒷받침하는 근거와 예시를 제공해야 합니다.

4 전환 문장(Transition Sentences): 전환 문장은 서로 다른 단락이나 아이디어를 자연스럽게 연결하는 데 사용됩니다. 이를 통해 에세이의 논리적 구조와 일관성을 유지할 수 있습니다.

5 결론(Conclusion): 에세이의 마지막 부분으로, 본문에서 제시한 논점과 근거를 요약하고, 전체 에세이의 목적과 목표를 되짚어 볼 수 있는 기회를 제공합니다. 결론에서는 새로운 아이디어나 논점을 제시하지 않으며, 대신 독자에게 남길 메시지나 생각할 거리를 제공할 수 있습니다.

6 참고문헌(References): 에세이에서 인용된 출처나 참고 자료를 나열하는 부분입니다. 참고문헌은 에세이의 신뢰성을 높이고 독자가 추가로 연구할 수 있는 자료를 제공합니다. 참고문헌 작성 시, 학술 분야별로 정해진 서식을 따라야 합니다(예: APA, MLA, Chicago 등).

챗GPT(Model: GPT-4)가 알려준 에세이 구성요소를 토대로 '제목, 서론, 본론, 결론'을 입력해 보겠습니다.

제목: 어린이들도 애완동물을 키울 수 있다. - 이점과 책임감

서론: 애완동물을 키우는 것은 어린이들에게 풍부한 교육적 경험을 제공할 수 있습니다.

본론1: 애완동물을 돌보는 일은 어린이들에게 다른 사람들과 협력하는 방법과 돌봄과 배려를 배울 기회를 제공합니다.

본론2: 애완동물을 키우는 것은 어린이들의 신체적 건강에도 긍정적인 영향을 미칩니다.

본론3: 애완동물을 키우는 어린이들은 공동체 활동에 더 적극적으로 참여하게 됩니다.

본론4: 애완동물을 키우는 것은 어린이들에게 책임감을 길러줍니다.

결론: 어린이들이 애완동물을 키우면서 이점과 책임감을 모두 경험할 수 있다는 것을 알 수 있습니다.

참고문헌: 어린이와 애완동물의 상호작용 연구 (2010), 애완동물이 어린이들의 정서적 건강에 미치는 영향 (2015), 어린이와 애완동물 간의 관계 연구 (2012)

위의 구성요소를 토대로 한국어로 에세이를 작성해줘.

제목: 어린이들도 애완동물을 키울 수 있다. - 이점과 책임감

서론: 애완동물을 키우는 것은 어린이들에게 풍부한 교육적 경험을 제공할 수 있습니다. 이 에세이에서는 어린이들이 애완동물을 키울 때 얻을 수 있는 이점과 함께 수반되는 책임감에 대해 논의할 것입니다.

본론1: 이점

애완동물을 돌보는 일은 어린이들에게 다른 사람들과 협력하는 방법과 돌봄과 배려를 배울 기회를 제공합니다. 어린이들이 애완동물의 식사를 준비하거나 깨끗이 청소하는 일을 통해 조금씩 책임감을 키울 수 있습니다. 또한, 애완 동물을 돌보는 일은 어린이들에게 정서적으로 긍정적인 면을 제공하며 스트레스를 줄여줍니다(애완동물이 어린이들의 정서적 건강에 미치는 영향, 2015). 어린이들은 애완동물과 함께 시간을 보내며 편안함과 안정감을 얻을 수 있습니다. 이 외에도 애완동물과의 상호작용을 통해 어린이들은 사회적 기술, 문제 해결 능력 및 의사소통 능력을 기를 수 있습니다(어린이와 애완동물의 상호작용 연구, 2010).

본론2: 신체적 건강 향상

애완동물을 키우는 것은 어린이들의 신체적 건강에도 긍정적인 영향을 미칩니다. 특히, 개와 같은 애완동물을 키우는 경우, 어린이들은 산책이나 놀이를 통해 신체 활동을 증가시킬 수 있습니다(애완동물과 어린이들의 건강 연구, 2013). 이러한 활동은 어린이들이 운동을 즐기게 하고, 신체적 건강을 유지하는 데 도움됩니다. 또한, 애완동물과 함께하는 시간은 어린이들의 면역 체계를 강화시키는 데에도 도움이 될 수 있습니다(애완동물과 어린이들의 면역 체계 연구, 2014).

본론3: 공동체 활동 참여

애완동물을 키우는 어린이들은 공동체 활동에 더 적극적으로 참여하게 됩니다. 예를 들어, 동물 보호소에서 봉사 활동을 하는 것이나, 애완동물과 함께하는 다양한 행사에 참여하는 것 등이 있습니다(애완동물과 어린이들의 공동체 활동 참여 연구, 2016). 이를 통해 어린이들은 다양한 사람들과 만나고, 더 큰 공동체에 속한 구성원으로서의 역할을 배울 수 있습니다.

본론4: 책임감

애완동물을 키우는 것은 어린이들에게 책임감을 길러줍니다. 애완동물을 키우는 것은 어린이들에게 생명에 대한 존중을 배우게 해줍니다(어린이와 애완동물 간의 관계 연구, 2012). 돌봄과 관심이 필요한 생명체를 키우는 과정에서 어린이들은 다른 존재의 가치를 인식하게 됩니다. 또한, 애완동물을 키우는 과정에서 부모님의 도움과 지도가 필요하다는 것을 깨닫게 됩니다. 이를 통해 부모님과 협력하며 배우는 경험을 얻게 됩니다. 그러나 애완동물을 돌보는 일이 부담스럽거나 어려울 수 있기 때문에, 부모님은 어린이들이 애완동물을 돌보는 과정에서 적절한 지원과 안내를 제공해야 합니다. 이를 위해 부모님은 어린이들에게 애완동물 관리에 대한 적절한 정보를 전달하고, 어린이들이 겪을 수 있는 어려움에 대해 이해하며, 필요한 경우 도움을 주는 역할을 해야 합니다.

결론: 어린이들이 애완동물을 키우면서 이점과 책임감을 모두 경험할 수 있다는 것을 알 수 있습니다. 이를 통해 어린이들은 더 나은 사회성, 책임감, 정서적 지지, 신체적 건강 향상 및 공동체 활동 참여 등의 이점을 얻을 수 있습니다. 동시에 다른 존재에 대한 존중과 부모님과의 협력을 배울 수 있습니다. 그러므로 애완동물을 키우는 것은 어린이들에게 큰 도움이 될 수 있습니다. 하지만 이 과정에서 부모님의 지도와 도움이 필수적임을 명심해야 합니다. 애완동물을 키우는 것은 어린이들에게 긍정적인 영향을

미칠 수 있는 활동이지만, 동시에 책임과 돌봄이 필요한 일입니다.

맺음말: 애완동물을 키우는 것은 어린이들의 성장과 발전에 중요한 역할을 하는 경험이 될 수 있습니다. 부모님은 자녀와 함께 애완동물을 키우면서 그 과정을 지도하고, 필요한 도움을 제공함으로써 어린이들에게 소중한 가르침을 전달할 수 있습니다. 최종적으로 어린이들은 애완동물을 통해 사회성, 책임감, 정서적 지지, 신체적 건강 향상, 공동체 활동 참여 등의 중요한 덕목을 배우게 됩니다. 이런 경험들은 어린이들이 성장하면서 평생 동안 긍정적인 영향을 미칠 것입니다.

참고문헌:

1. 어린이와 애완동물의 상호작용 연구 (2010)

2. 애완동물이 어린이들의 정서적 건강에 미치는 영향 (2015)

3. 어린이와 애완동물 간의 관계 연구 (2012)

4. 애완동물과 어린이들의 건강 연구 (2013)

5. 애완동물과 어린이들의 면역 체계 연구 (2014)

6. 애완동물과 어린이들의 공동체 활동 참여 연구 (2016)

사용자가 입력한 정보를 토대로 챗GPT가 작성한 에세이입니다. 이 글을 바로 영어로 옮기는 것은 쉽지 않습니다. 따라서 그전에 필요한 단어들을 먼저 파악하는 게 중요합니다. 앞의 에세이를 영작하기 위한 어휘를 챗GPT에 물어보겠습니다.

> 이 에세이를 영어로 번역하기 위해 필요한 명사, 형용사, 부사들을 알려줘.

명사 (Nouns):

1. 경험 - experience
2. 협력 - cooperation
3. 돌봄 - care
4. 책임감 - sense of responsibility
5. 지지 - support
6. 기술 - skills
7. 건강 - health
8. 활동 - activity
9. 체계 - system
10. 공동체 - community
11. 보호소 - shelter
12. 봉사 - volunteer
13. 행사 - events
14. 생명 - life
15. 존중 - respect
16. 관심 - attention
17. 부담 - burden
18. 부모님 - parents
19. 지도 - guidance
20. 안내 - direction
21. 도움 - help
22. 관리 - management
23. 정보 - information
24. 어려움 - difficulties
25. 성장 - growth
26. 발전 - development
27. 가르침 - teachings
28. 덕목 - virtues
29. 참고문헌 - references
30. 연구 - research

형용사 (Adjectives):

1. 교육적인 - educational
2. 정서적인 - emotional
3. 사회적인 - social
4. 신체적인 - physical
5. 긍정적인 - positive
6. 부담스러운 - burdensome
7. 어려운 - difficult
8. 적절한 - appropriate
9. 필수적인 - essential
10. 소중한 - precious

부사 (Adverbs):

1. 함께 - together
2. 조금씩 - gradually
3. 즐겁게 - enjoyably
4. 적극적으로 - actively
5. 최종적으로 - ultimately
6. 동시에 - simultaneously
7. 평생 - lifelong

알려주지 않은 어휘가 있다면 계속해서 질문하면 됩니다. 에세이를 작성할 정도의 영어 실력이라면 문장 구조는 이해하고 있어서 이제는 어휘를 폭넓게 학습하는 것이 중요합니다. 유의어 관계에서도 상황에 더 적합한 단어가 있기 때문입니다.

챗GPT가 알려준 어휘들을 가지고서 사용자가 직접 영어로 에세이를 쓰고, 아까 챗GPT가 한글로 작성한 에세이를 영어로 번역시켜 봅니다. 그리고 난 후, 자신이 영어로 옮긴 내용과 챗GPT의 결과물을 비교하고 피드백을 요구하며 필요한 부분은 메모하는 게 중요합니다. 다음의 대화는 앞의 에세이를 챗GPT가 번역하고, 사용자가 써본 에세이를 비교하며 설명을 요구하는 내용입니다.

> 🙂 (이전 글과 동일)
> 영어로 쉽게 번역해줘.

🤖 Title: Kids and Pets: Benefits and Responsibilities

Introduction: Having a pet gives kids valuable learning experiences. This essay will talk about the good things and responsibilities that come with kids having pets.

Main Point 1: Good Things Taking care of pets helps kids learn to work with others and care for them. Kids can become more responsible by feeding pets and cleaning up. Pets also give emotional support, making kids feel better. Playing with pets helps kids improve social skills, problem-solving, and communication.

Main Point 2: Better Physical Health Having a pet can make kids healthier. For example, walking or playing with dogs helps kids get more exercise. Being active makes kids enjoy exercise and stay healthy. Spending time with pets can also boost kids' immune systems.

Main Point 3: Joining Community Activities Kids with pets can get involved in their communities. They can volunteer at animal shelters or join pet-related events. This helps kids meet new people and learn their role in a bigger community.

Main Point 4: Responsibilities Having a pet also means responsibilities for kids. They learn to respect life and understand the value of other beings. Kids need help and guidance from their parents to take care of pets. Parents should give proper support and teach their kids about pet care.

Conclusion: Kids can experience both benefits and responsibilities when they have pets. They can gain better social skills, responsibility, emotional support, improved physical health, and community involvement. Parents play a crucial role in guiding their kids through this process. Raising a pet can have a lasting positive effect on kids as they grow up.

Closing: Having a pet can be an important experience for kids' growth and development. Parents can guide their children in raising pets, teaching them valuable lessons. In the end, kids learn important virtues like social skills, responsibility, emotional support, physical health, and community involvement, which will benefit them throughout their lives.

🙋 너는 "emotional support"를 썼는데, 나는 "mental support"라고 썼어. 그러면 안 돼?

🤖 "mental support"를 사용해도 문맥에 따라 전달하려는 의미를 표현할 수 있습니다. 그러나 "emotional support"와 "mental support" 사이에

는 약간의 차이가 있습니다.

"emotional support"는 감정적인 측면에서 도움이나 지지를 의미합니다. 이는 스트레스, 우울증, 불안 등 감정적인 문제를 해결하거나 완화하는 데 도움이 됩니다.

반면, "mental support"는 정신적인 측면에서의 도움이나 지지를 의미합니다. 이는 더 넓은 범위의 정신 건강 문제를 포함하며, 사고방식, 인식, 태도 등과 관련된 지원을 나타냅니다.

따라서 어떤 단어를 사용할지는 전달하려는 메시지의 의도와 문맥에 따라 결정할 수 있습니다. "mental support"를 사용하면 더 넓은 범위의 정신 건강 지원을 의미하게 되지만, "emotional support"는 감정적인 문제와 관련된 지지에 초점을 맞춥니다.

지금까지의 에세이 작성 훈련 과정을 정리해보면 다음과 같습니다.
1. 먼저 기본적인 소스를 제공하여 챗GPT에 한국어로 에세이를 작성 시키기
2. 챗GPT가 완성해준 에세이를 영어로 번역해보기
3. 한국어 에세이를 챗GPT로 번역해보기
4. 자신이 영어로 번역한 에세이와 챗GPT가 번역한 에세이를 비교해 보기
5. 챗GPT에 피드백 요구하기

이번엔 처음부터 바로 영어로 에세이를 작성하고 챗GPT에 첨삭 받는 과정을 보겠습니다.

Title: The Importance of Protecting the Environment

The planet is a habitat for human being and all living creatures. But, for the past several decades, our environment is suffering from destruction because of the human destructive activity. So, we have to be responsible for the sustainable future. Climate change is a key factor of the environmental protection. Global warming makes a rising sea level, extremely changing climate, and increasing endangered living creatures. These problems also have an effect on human ranging from the lack of food and water supply to the destruction of ecosystem.

We are able to improve environment by managing resources and preserving the biodiversity. Individuals, industrial business, and government and so forth are all to choose the eco-friendly living style by cooperating one another, saving, recycling resources.

After all, environment protection is an investment toward the sustainable future. If we all make a small difference, we can hand over good surroundings to next generations.

내가 쓴 에세이야.
1 어휘가 적절하고 문법 오류가 없는지 첨삭해줘.
2 자세한 설명은 한국어로 부탁해.

Title: The Importance of Protecting the Environment

The planet is a habitat for humans and all living creatures. However, for the past several decades, our environment has been suffering from destruction due to human activities. Thus, we must be responsible for a sustainable future.

Climate change is a key factor in environmental protection. Global warming leads to rising sea levels, extreme climate changes, and an increase in endangered species. These problems also affect humans, ranging from the lack of food and water supply to the destruction of ecosystems.

We can improve the environment by managing resources and preserving biodiversity. Individuals, industrial businesses, and governments must all choose eco-friendly lifestyles by cooperating with one another, saving, and recycling resources.

In conclusion, environmental protection is an investment toward a sustainable future. If we all make a small difference, we can pass on a healthy environment to future generations.

1 첨삭에 대한 설명

- "human being"을 "humans"로 변경했습니다. 이 맥락에서 "humans"가 더 자연스럽습니다.

- "is suffering"을 "has been suffering"으로 변경했습니다. 과거부터 현재까지 이어지는 동작을 나타내기 위해 현재완료 진행형을 사용했습니다.

- "the environmental protection"을 "environmental protection"으로 변경했습니다. 이 문장에서는 관사가 필요하지 않습니다.

- "makes a rising"을 "leads to rising"으로 변경했습니다. "lead to"가 원인과 결과를 연결하는 데 더 적합합니다.
- "living creatures"를 "species"로 변경했습니다. "species"가 종을 설명하는 데 더 정확한 용어입니다.
- "human"을 "humans"로 변경했습니다. 이 맥락에서 복수형이 더 자연스럽습니다.
- "are all to choose"를 "must all choose"로 변경했습니다. "must"를 사용하여 필요성을 강조했습니다.
- "one another"를 "with one another"로 변경했습니다. "cooperating with one another"가 더 자연스러운 표현입니다.

2 앞의 수정 사항들은 에세이의 문장을 더 자연스럽고 정확하게 만들어 줍니다. 이제 에세이가 어휘와 문법 측면에서 더 완성도 있습니다.

에세이 작성 훈련 방법을 두 가지 소개했습니다. 챗GPT의 영어 문법에 대한 깊은 이해와 정확성으로 사용자의 글쓰기 영작 능력은 크게 향상될 수 있습니다. 챗GPT의 피드백이 글의 명료성과 가독성을 높이는 데 초점을 맞추었기 때문에 불필요한 반복이 제거되거나, 길고 복잡한 문장이 분리되어 글 전체 구조 흐름이 개선됩니다. 또한, 주장과 논증을 더 명확하게 제시해주어 논리성과 설득력이 향상되고, 맥락에 맞게 뉘앙스를 조정할 수 있습니다. 이를 통해 여러분의 영어 작문 능력은 한 층 더 높아질 것입니다.

07 Lv. 6. 비즈니스 문서 작성 훈련

영어는 전 세계적으로 공용어로 사용되기 때문에, 국제 비즈니스에서 필수적인 언어입니다. 또한, 영어는 기업 간 소통에서 가장 일반적으로 사용되는 언어이기도 합니다. 따라서 영어로 비즈니스 문서를 작성하는 능력은 국제 비즈니스에서 성공적인 커리어를 쌓는 데 필수적입니다. 또한, 영어로 작성된 문서는 전 세계의 다른 국가나 지역에서도 이해하기 쉬우므로, 비즈니스적인 목적을 위해 글로벌 시장에 진출하고자 하는 기업에 매우 중요합니다. 비즈니스 문서에는 다양한 종류가 있습니다. 그중 몇 가지를 챗GPT와 함께 작성해 보겠습니다.

1. 이메일

이메일은 비즈니스 환경에서 가장 일반적인 커뮤니케이션 수단 중 하나입니다. 업무 관련 문제를 빠르게 해결하거나, 업무 진행 상황을 공유하거나, 회의 일정을 조정하는 등 다양한 상황에서 사용됩니다. 또한, 고객 문제나 불만사항을 해결하기 위한 수단으로도 사용됩니다. 고객으로부터 이메일로 문제를 제기 받고, 그에 대한 응대나 조치를 취할 수 있습니다.

챗GPT로 이메일 양식을 알아보겠습니다.

> 이메일 양식을 영어로 써줘.

Subject: [제목 입력]

Dear [받는 사람 이름],
I hope this email finds you well. [짧게 인사말 작성]
I am writing to [이메일의 목적 설명] [구체적인 내용 설명]

[내용 추가]

If you have any questions or concerns, please do not hesitate to contact me.

Best regards,

[송신자 이름]

이번에는 구체적인 상황을 챗GPT에 부여해서 이메일 작성을 해보겠습니다. 이후에는 작성된 이메일 내용에서 주요 표현을 알아보겠습니다.

> 상황: 고객이 주문한 물건이 다른 배송지로 배송되었다. 고객에게 양해를 부탁하고 20% 할인쿠폰을 드리기로 했다.
> 이메일 양식을 사용해서 영어로 작성해줘.

Subject: Regarding Your Order Delivery

Dear [Customer Name],

I am writing to apologize for the inconvenience caused by the delivery of your recent order to an incorrect shipping address. We understand how frustrating this must be for you and we would like to take full responsibility for this error.

We are taking immediate action to rectify the situation and ensure that such errors do not happen in the future. As a token of our appreciation for your patience and understanding, we would like to offer you a 20% discount coupon on your next purchase.

We hope that you will accept our sincere apologies and continue to support our business. If you have any further concerns or questions, please do not hesitate to contact us.

Thank you for your understanding.

Best regards,

[Your Name]

🙂 고마워. 위의 이메일에서 주요 영어표현을 알려줘.

주요 영어표현

- I am writing to apologize for the mistake that was made in your recent order.
  (최근 주문에서 발생한 오류로 인해 사과하는 표현)

- I completely understand how frustrating this must be for you.
  (이 일로 인한 고객의 실망을 이해한다는 표현)

- We will do everything in our power to ensure that this never happens again.
  (이러한 상황이 다시 발생하지 않도록 모든 노력을 다하겠다는 표현)

- We would like to offer you a 20% discount coupon for your next purchase.
  (다음 구매 시 20% 할인쿠폰을 제공한다는 표현)

- Once again, please accept our sincere apologies for any inconvenience this may have caused.
  (이번 일로 인해 발생한 불편함에 대해 진심으로 사과한다는 표현)

이처럼 챗GPT를 활용해서 유사한 상황에 대한 이메일을 작성하고, 그 이메일을 학습하고 적용하는 것이 중요합니다. 예를 들어, 고객이 불만사항을 제기했을 때, 제품이 손상되었을 때, 배송이 지연될 때 등과 같은 상황에 대한 이메일을 작성하고, 이를 챗GPT에 학습시켜 미리 준비해둡니다. 그러면 이메일을 작성할 때 챗GPT에서 추천해주는 표현이나 어구를 활용하여 빠르고 효과적으로 이메일을 작성할 수 있습니다.

 패러프레이징 과정을 추가한다면 챗GPT를 활용해서 작성한 이메일을 사용자가 다시 검토하고 수정하는 과정을 거쳐 더 나은 이메일 작성 능력을 향상시킬 수도 있습니다.

2. 보고서

 보고서는 조직 내부나 외부에 정보를 제공하거나 조직의 의사결정을 돕기 위한 문서로 사용됩니다. 주로 조직의 성과, 재무, 프로젝트 진행 상황, 시장 동향, 제품 품질, 고객 만족도 등을 분석하고 '요약(패러프레이징)' 하여 제출됩니다. 보고서는 객관적이고 정확하게 작성되어야 하며, 누구나 이해할 수 있도록 구성되어야 합니다. 또한, 보고서는 의사결정에 영향을 미칠 수 있으므로 신뢰성과 타당성이 높아야 합니다.

 우선, 영어로 작성된 보고서의 기본 구조를 이해하고 각 섹션의 목적과 내용을 숙지하는 것이 중요하기 때문에 챗GPT에 보고서 양식을 물어보겠습니다.

> 보고서 양식을 영어로 써줘.

Title: (제목) Date: (날짜) Prepared by: (작성자)
Executive Summary: (요약)

1. Introduction: (서론)
1.1 Background: (배경)
1.2 Objectives: (목표)
1.3 Scope: (범위)

2. Methodology: (방법론)
2.1 Data Collection: (데이터 수집)
2.2 Analysis: (분석)
2.3 Limitations: (제한 사항)

3. Results: (결과)
3.1 Findings: (결과)
3.2 Implications: (시사점)

4. Discussion: (토론)
4.1 Interpretation of Results: (결과 해석)
4.2 Comparison with Previous Studies: (이전 연구와의 비교)

5. Conclusion: (결론)
5.1 Summary: (요약)

5.2 Recommendations: (추천 사항)
5.3 Future Research: (향후 연구)

References: (참고문헌)

Appendices: (부록)

이번엔 제목과 요약을 챗GPT에 부여해서 보고서 작성을 해보겠습니다. 이후에는 작성된 보고서 내용에서 주요 표현을 알아보겠습니다.

> 아래의 정보들을 토대로 영어 보고서를 작성해줘.
> 제목: 온라인 시장 확산으로 인한 오프라인 시장 향후 전망 요약 - 온라인 시장 확산으로 오프라인 시장 경쟁력이 상대적으로 감소할 것으로 보입니다. 따라서 오프라인 매장에서만 구매할 수 있는 품목들을 늘리는 것이 필요합니다.

Title: Prospects of the Offline Market due to the Expansion of the Online Market
Date: April 4, 2023

Prepared by: (Your Name)
Executive Summary
The offline market is expected to see a relative decline in

competitiveness due to the expansion of the online market. Therefore, it is necessary to increase the number of items that can only be purchased at offline stores.

1. Introduction

1.1 Background: The rapid growth of the online market has impacted the traditional offline market, causing changes in consumer behavior and purchasing patterns.

1.2 Objectives: This report aims to analyze the prospects of the offline market and provide suggestions to enhance its competitiveness.

1.3 Scope: The scope of the report includes the impact of the online market expansion on the offline market and strategies to improve the offline market's prospects.

2. Methodology

2.1 Data Collection: Data was collected through market research, surveys, and analysis of industry trends.

2.2 Analysis: The data was analyzed to identify patterns and correlations between the online and offline markets.

2.3 Limitations: The report is limited to available data and may not cover all aspects of the offline market.

3. Results

3.1 Findings: The expansion of the online market has led to a relative decline in the offline market's competitiveness.

3.2 Implications: To maintain competitiveness, it is crucial for offline stores to differentiate themselves by offering unique products and services that cannot be found online.

4. Discussion

4.1 Interpretation of Results: The findings suggest that the offline market needs to adapt to the changing market landscape by focusing on its strengths and unique selling points.

4.2 Comparison with Previous Studies: This report's findings align with previous studies highlighting the need for offline stores to adapt to the changing retail environment.

5. Conclusion

5.1 Summary: The offline market is facing challenges due to the expansion of the online market, but it can still thrive by offering unique products and services.

5.2 Recommendations: Offline stores should focus on providing exclusive items and experiences that cannot be replicated online, enhancing the value of in-person shopping.

5.3 Future Research: Further research is needed to explore innovative strategies and business models for the offline market to remain competitive in the digital era.

References: (Add relevant references)
Appendices
(Include any additional data or information, if necessary)

> 고마워. 위의 보고서에서 주요 영어표현을 알려줘.

You're welcome! Here are some key expressions from the report

1. Future Prospects: 미래 전망
2. Expansion of the Online Market: 온라인 시장 확산
3. Decline in Competitiveness: 경쟁력 감소
4. Consumer Behavior: 소비자 행동
5. Purchasing Patterns: 구매 패턴
6. Industry Trends: 산업 추세
7. Unique Selling Points: 독특한 판매 포인트
8. Changing Market Landscape: 변화하는 시장 풍경
9. Exclusive Items and Experiences: 독점적인 아이템과 경험
10. Enhancing the Value of In-person Shopping: 대면 쇼핑의 가치 향상
11. Business Models: 비즈니스 모델
12. Remain Competitive: 경쟁력 유지

챗GPT를 활용하여 영어 보고서 작성 능력을 향상하는 방법은 주제에 대한 정보를 입력하여 챗GPT로부터 보고서 초안을 받은 후, 이를 기반으로 자신만의 보고서를 작성해보는 것입니다. 그 다음 단계는 작성한 문장이나 문단에 대해 챗GPT의 첨삭을 받아 더 자연스러운 표현이나 문맥을 확인하는 것입니다.

3. 이력서

이력서는 개인의 학력, 경력, 기술 등을 요약하여 정리한 문서로, 취업 또는 이직을 위해 사용됩니다. 이력서를 통해 여러분의 경험과 능력을 객관적으로 보여주고, 회사에 자신의 적합성을 어필할 수 있습니다. 따라서 이력서는 채용 담당자가 지원자의 역량과 적합성을 평가할 때 중요한 자료로 활용됩니다.

사용자 개인의 정보가 대부분을 차지하기 때문에 이력서의 기본 양식만 알아보겠습니다. 문장이 다른 비즈니스 문서보다 간결하기 때문에 문장의 구조보다는 아이디어와 적절한 어휘가 중요합니다.

🗨️ 이력서 양식을 영어로 쓰고 한글 뜻도 적어줘.

[Your Name] (당신의 이름) [Address] (주소) [City, State, ZIP Code] (도시, 주, 우편번호) [Phone Number] (전화번호) [Email Address] (이메일 주소)

Objective: (목표 - 짧게 자기 경력 목표와 지원하는 직무를 설명)
Education: (학력)

- [Name of Institution] (학교명), [City, State] (도시, 주) [Degree Name] (학위명), [Major] (전공), [Month Year of Graduation] (졸업 예정 또는 졸업한 월, 년도) GPA (평점 평균)

Experience: (경험)

- [Job Title] (직책), [Company Name] (회사명), [City, State] (도시, 주), [Start Month Year - End Month Year] (근무 기간)
- [Description of job responsibilities and accomplishments] (업무 내용 및 성과 설명)

Skills: (기술)

- [Technical Skills] (기술적 역량)
- [Language Skills] (언어 역량)
- [Soft Skills] (소프트 스킬)

Awards and Honors: (수상 및 영예)

- [Name of Award or Honor] (상 또는 영예의 이름), [Month Year] (월, 년도)

Activities: (활동)

[Name of Organization or Club] (단체 또는 클럽 이름), [Position] (직위), [Start Month Year - End Month Year] (활동 기간)

- [Description of involvement and accomplishments] (참여 내용 및 성과 설명)

Volunteer Work: (자원봉사)

- [Organization Name] (단체명), [City, State] (도시, 주), [Start Month Year - End Month Year] (봉사 기간)

- [Description of volunteer activities and accomplishments] (봉사 활동 및 성과 설명)

Certifications: (자격증)

- [Certification Name] (자격증 이름), [Issuing Organization] (발급 기관), [Month Year] (취득 월, 년도)

Publications: (저서/논문)

- [Title of Publication] (제목), [Publication Name] (출판물 이름), [Month Year] (출판 월, 년도)

References: (추천인)

- [Reference Name] (추천인 이름), [Title] (직책), [Company] (회사), [Phone Number] (전화번호), [Email Address] (이메일 주소)

이력서는 비즈니스 문서 중에서 가장 공식적인 문서입니다. 따라서 구어체를 사용하지 않고 문어체를 사용하기 때문에 '쓰기'에 적합한 훈련 양식이 될 수 있습니다. 불필요한 어휘나 긴 문장은 지양하고, 명확하게 작성하는 게 중요한 부분이기도 합니다. 이력서를 작성한 후에는 챗GPT에 피드백을 받거나 유사한 이력서를 분석하고 관련 키워드를 파악하는 것도 좋은 방법이 될 수 있습니다.

비즈니스 문서작성을 영어로 하는 것은 매우 중요한 역량 중 하나입니다. 이를 통해 글로벌 비즈니스에서 활동할 수 있는 기회를 놓치지 않고, 전문성을 갖춘 비즈니스 역량을 키울 수 있습니다. 그러므로 자기 능력을 믿고, 꾸준히 연습하며 발전하기를 바랍니다.

Chapter 3
챗GPT와 Reading 학습

- 01 ····· 왜 Reading 학습에 챗GPT를 활용해야 할까?
- 02 ····· Lv. 1. 이 글의 난이도를 분석해줄래?
- 03 ····· Lv. 2. 좀 어려운데, 한국어로 번역해서 읽어볼래!
- 04 ····· Lv. 3. 조금 더 읽기 쉬운/어려운 문장으로 수정해줘!
- 05 ····· Lv. 4. 독해 실력이 향상되는 끊어 읽기!
- 06 ····· Lv. 5. 글의 주제를 빠르게 파악하는 훈련
- 07 ····· Lv. 6. 긴 글을 빠르게 요약하는 훈련
- 08 ····· [레시피] 독해 연습을 위한 명령어 레시피 모음
- 09 ····· Lv. 7. 실무 상황에서 영어 문서를 읽는 훈련

01 왜 Reading 학습에 챗GPT를 활용해야 할까?

영어의 4대 영역 중 가장 많이 사용되는 기능은 '읽기'입니다.

의사소통에 필요한 능력을 길러주는 것이 이상적인 영어교육의 목표이겠으나, 입시라는 중대한 목표 앞에서 초등학생, 중고등학생들은 매일 눈앞의 지문을 이해하고 문제의 정답을 찾아내기 위해 주로 읽기 능력 향상에 집중하고 있습니다.

또한, 중등교육을 마치고 대학교에 진학한 이후에는 영문으로 된 교재와 논문을 읽고 레포트 작성과 과제 수행을 위해 영어로 작성된 방대한 학술문서를 읽고 이해하는 데 시간과 노력을 들여야 합니다. 이처럼 읽기 기능은 우리나라의 교육현장에서 가장 사용빈도가 높은 기능입니다.

영어 읽기 능력을 향상하려면 어떻게 해야 할까요? 우선 주어진 영어 문장을 한글로 바꾸어 이해하는 역량과 어휘력이 중요할 것입니다. 그러나, 정작 교육 현장에서 마주하는 대부분 학생은 단어의 뜻도 알고, 문장의 의미도 해석할 수 있지만 정작 이 글 전체가 어떤 내용을 전달하고 있으며, 어떤 주장을 담고 있는지를 파악하지 못하여 정답을 찾는 데 어려움을 겪는 경우가 많았습니다.

해석 능력과는 별개로, 지문의 내용을 이해하고, 글의 논리를 파악하는 것이 독해의 기본입니다. 다른 환경에서 다른 형태로 작성된 영어 지문을 만났을 때도 이를 풀어나가는 도구로 사용될 수 있는 읽기 역량을 향상시키는 것이 학습자에게 꼭 필요합니다.

챗GPT의 지문 이해 능력과 논리적인 답변은 이러한 읽기 학습의 문제를 해결하는 데 큰 도움이 될 것입니다. 또한, 내가 원하는 지문으로 내가 원하는 수준의 답변을 얻어낼 수 있기에 개인의 수준에 맞춘 학습이 가능하다는 점에서 읽기 학습에서의 챗GPT 사용은 매우 큰 장점이 있습니다.

그리하여 본 챕터에서는 챗GPT를 활용해 <읽기>의 다양한 역량을 단계별로 발전시키는 방법을 소개합니다. 인용된 지문은 고등학교 수능에서 다수 발췌하였지만, 논리적으로 작성된 모든 글에 적합하게 적용될 것입니다. 이를 통해, 짧은 문장 독해에서부터 시작하여 글 전체를 이해하고 아우르는 능력을 훈련하는 과정과 때에 따라 글 자체를 더욱 이해하기 쉬운 형태로 변조하여 실력 향상에 맞도록 튜닝하는 방법도 소개합니다.

부디 여러분이 이번 기회를 통하여 자신의 수준에 맞는 학습 단계를 발견하고 앞으로 빠르게 발전할 수 있기를 응원합니다.

02 Lv. 1. 이 글의 난이도를 분석해줄래?

모든 학습에 있어 본인이 어느 정도 수준에 있는지 파악하는 것은 매우 중요합니다. 어떤 전략을 통해 문제를 해결하고, 다음 문제를 위해 무엇이 필요한지 파악해야 하니까요. 그러나 영어 공부를 시작한 지 얼마 되지 않은 많은 학습자는 자신의 수준을 잘 알지 못합니다.

　만약 본인의 수준을 파악하고 본인의 수준보다 조금 더 어려운 지문으로 공부를 시행한다면, 보다 효율적이면서도 동기를 가지고 공부할 수 있을 것입니다. 챗GPT로 글의 대략적인 난이도를 파악하고, 자신의 수준에 맞는 글을 찾아봅시다.

　우선 글이 자신의 수준보다 어렵다는 것을 알았다면, 왜 그런지 알아보아야 합니다. 우리의 독해를 방해하는 요소에는 여러 가지가 있습니다. 대표적으로 단어가 생소한 경우, 문장 구조가 복잡한 경우, 직관적인 의미와는 다른 숙어적 표현이 사용된 경우, 문장의 길이가 너무 긴 경우 등 다양한 요소가 존재합니다.

　먼저 어떤 부분에서 독해에 난항을 겪을지 먼저 확인한 후 지문을 읽는다면 필요하지 않은 부분에서 힘을 뺄 필요 없이, 정확하게 지문을 이해할 전략을 마련할 수 있을 것입니다.

　난이도는 여러 가지 요소들에 의해 영향을 받을 수 있으나, 우선 대표적인 '일상적이지 않은 단어, 문장의 복잡성, 배경지식의 필요성'을 기준으로 글의 난이도를 알아봅시다.

　다음의 글은 '2023년도 수능 영어'의 지문입니다. 직접 글을 읽고 글의 난이도를 한번 추론해보고 답을 찾아보세요.

To whom it may concern,

My name is Michael Brown. I have been a bird-watcher since childhood. I have always enjoyed watching birds in my yard and and identifying them by sight and sound. Yesterday, I happened to read an article about your club. I was surprised and exicited to find out about a community of passionate bird-watchers who travel annually to go birding. I would love to join your club, but your website appears to be under construction. I could not find any information except for this contact email address. I would like to know how to sign up for the club. I look forward to your reply.

Sincerely,
Michael Brown

여러분들은 문장의 난이도를 어떻게 느끼셨나요? 챗GPT에 한번 물어 보겠습니다.

> 🗨️ 다음 대화에서 글을 제시하겠습니다. 다음의 기준에 맞추어 영어 지문 해석의 난이도를 종합하여 알려주세요.
> 1. 일상적이지 않은 단어, 2. 문장의 복잡성, 3. 배경지식의 필요성

🤖 제시된 글을 확인해야 정확한 난이도를 평가할 수 있습니다. 글을 제공해 주시면 기준에 따라 영어 지문 해석의 난이도를 종합해 드리겠습니다.

> 🗨️ ● 제시문
>
> My name is Michael Brown. I have been a bird-watcher since childhood. I have always enjoyed watching birds in my yard and identifying them by sight and sound. (후략)

🤖 이 영어 지문 해석의 난이도를 다음의 기준에 따라 종합해 드리겠습니다.

1 일상적이지 않은 단어: 이 지문에는 일상적이지 않은 단어가 거의 없으며 대부분 일상적인 단어로 이루어져 있습니다. 'bird-watcher', 'birding' 등이 주제와 관련된 전문용어지만, 문맥에서 쉽게 이해할 수 있습니다. 이 기준에서 난도는 낮습니다.

2 문장의 복잡성: 지문의 문장 구조는 대체로 간단하고 명료합니다. 길거나 복잡한 문장은 거의 없으며, 이해하기 쉬운 표현이 사용되었습니다. 이 기준에서 난도는 낮습니다.

3 배경지식의 필요성: 이 지문을 이해하는 데 필요한 배경지식은 거의 없습니다. 독자는 새 관찰을 취미로 가지는 사람들의 클럽에 대한 내용이므로, 일반적인 상식으로 충분히 이해할 수 있습니다. 이 기준에서 난이도는 낮습니다.

종합적으로 볼 때 이 영어 지문 해석의 난도는 낮습니다. 이 지문은 대부분의 독자가 쉽게 이해하고 해석할 수 있는 내용이며, 문장 구조와 단어 선택이 간단하고 명료합니다.

앞의 지문은 2023년도 수능 영어 18번 문항으로 수능에 제시되는 문항 중 가장 쉬운 문항입니다.

우선 영어로 만들어진 많은 텍스트의 난이도를 바탕으로 판단한 이 글의 해석의 난이도를 챗GPT로 알 수 있습니다. 답변을 살펴보면 일상적인 편지 형식을 띠는 글로 세 가지 문장해석 기준을 놓고 보았을 때, 일상적인 단어가 사용되어 어휘적 측면에서 해석이 쉽고, 문장도 간단하고 명료하므로 낮은 난이도를 보인다고 하고 있습니다. 배경지식 면에서도 전문적인 지식에 대한 이해 없이 글만 읽어도 간단하게 이해할 수 있는 글로 절대적인 난도는 낮다는 것을 알 수 있습니다.

난이도 파악을 통해, 학습을 위한 정보를 얻어 조금 더 전략적으로 영어학습에 접근할 수 있습니다.

다른 성향의 글에서는 어떤 대답이 나올지 한번 실험해 보겠습니다.

다음의 대화에서 제시한 글은 소설 '위대한 개츠비(The Great Gatsby)'의 일부분입니다.

> 🧑 다음 대화에서 글을 제시하겠습니다. 다음의 기준에 맞추어 영어 지문 해석의 난이도를 알려주세요.
> 1. 일상적이지 않은 단어, 2. 문장의 복잡성, 3. 배경지식의 필요성

> 🤖 지문을 제시해주시면, 요청하신 기준에 따라 영어 지문 해석의 난이도를 평가해 드리겠습니다.

> 🧑 ● 제시문
>
> Inside, the crimson room bloomed with light. Tom and Miss Baker sat at either end of the long couch and she read aloud to him from the Saturday Evening Post—the words, murmurous and uninflected, running together in a soothing tune. The lamplight, bright on his boots and dull on the autumn-leaf yellow of her hair, glinted along the paper as she turned a page with a flutter of slender muscles in her arms.

🤖 이 지문의 해석 난이도를 평가하겠습니다.

1 일상적이지 않은 단어: 이 지문에서는 일상적이지 않은 단어가 몇 개 있습니다. 예를 들어, "crimson", "murmurous", "uninflected", "autumn-leaf yellow", "glinted" 등이 있습니다. 이러한 단어들은 일반적인 대화에서 자주 사용되지 않으므로, 해석하는 데 어려움을 겪을 수 있습니다.

2 문장의 복잡성: 이 지문의 문장 구조는 대체로 간결하고 명료합니다. 하지만 일부 문장은 문장 내에 여러 개의 구문이 포함되어 있어 약간의 복잡성이 있습니다. 예를 들어, "The lamplight, bright on his boots and dull on the autumn-leaf yellow of her hair, glinted along the paper as she turned a page with a flutter of slender muscles in her arms." 이 문장은 여러 개의 구문과 상세한 서술이 결합되어 있어, 해석하는 데 어려움을 겪을 수 있습니다.

3 배경지식의 필요성: 이 지문은 특정한 배경지식이 필요하지 않습니다. 지문은 두 인물이 거실에서 앉아있는 모습을 묘사하고 있으며, 이해하는 데 별다른 배경지식이 필요하지 않습니다.

종합적으로, 이 지문의 해석 난도는 중간 정도로 평가될 수 있습니다. 일상적이지 않은 단어와 약간의 문장 복잡성이 있지만, 배경지식의 필요성은 거의 없습니다.

제시된 명령어에 따라서 지문을 분석한 결과 잘 사용되지 않는 어휘가 등장하여 지문 해석에 어려움을 줄 것이고, 문장은 대체로 간결하나 2번 항목을 보면 예시로 인용된 구문이 복잡하다는 것을 알 수 있고, 다른 배경지식 없이도 지문 자체를 이해할 수 있다고 챗GPT는 판단을 내렸습니다.

마지막으로, 다른 분야의 글로 난이도를 판별해 보겠습니다.

> 🧑 다음 대화에서 글을 제시하겠습니다. 다음의 기준에 맞추어 영어 지문 해석의 난이도를 종합하여 알려주세요.
> 1. 일상적이지 않은 단어, 2. 문장의 복잡성, 3. 배경지식의 필요성

> 🤖 내용이 있으면 제시해주세요.

> 🧑 NLP approaches generally use linear algebraic approaches. So, most approaches for text NLP first convert the text or spoken words into tensor of integers. One of the easiest but most effective way is word vector embedding. Word vector embedding first requires a table of words to convert each word into a number. Whole vocabularies for analysis should be enlisted on the table. After writing the table, input sentences are tokenized and converted into a series of number, referencing the table.

이 영어 지문 해석의 난이도를 다음의 기준에 따라 종합해 드리겠습니다.

1 **일상적이지 않은 단어**: 이 지문에는 자연어 처리(NLP)와 관련된 전문 용어와 기술적인 단어들이 많이 포함되어 있습니다. 'linear algebraic approaches', 'tensor', 'word vector embedding', 'tokenized' 등이 그러한 단어입니다. 이러한 단어들은 일상적이지 않아 이 기준에서 난이도는 높습니다.

2 **문장의 복잡성**: 지문의 문장 구조는 상대적으로 간결하고 명료하지만, 기술적인 내용과 전문 용어를 포함하고 있어 이해하기 어려울 수 있습니다. 이 기준에서 난이도는 중간 정도입니다.

3 **배경지식의 필요성**: 이 지문을 이해하는 데 필요한 배경지식은 자연어 처리(NLP)와 관련된 지식입니다. 독자가 이 주제에 대한 배경지식이 없다면 이해하기 어려울 수 있습니다. 이 기준에서 난도는 높습니다.

종합적으로 볼 때 이 영어 지문 해석의 난도는 중상 수준입니다. 이 지문은 자연어 처리(NLP)에 대한 전문용어와 배경지식이 필요하며, 일상적이지 않은 단어들이 사용되었습니다. 문장 구조는 상대적으로 간결하고 명료하나, 기술적인 내용과 전문용어를 포함하고 있어 일반 독자들이 이해하기 어려울 수 있습니다.

앞글은 수능 시험에 등장하는 단어의 빈도를 측정한 논문(Analysis on English Vocabulary Appearance Pattern in Korean CSAT)의 일부를 발췌한 것입니다. 지문에서는 일반인들에게는 익숙하지 않은 단어들이 등장하며, 배경지식이 어느 정도 있어야 지문을 이해할 수 있다는 것을 알 수 있습니다.

이렇듯, 앞에서 제시한 예시에서 제가 입력한 명령어에 본인이 확인하고 싶은 난이도 구별 영역(예: 전문용어 포함 여부, 문장의 복잡성)을 넣어서 다양하게 활용하실 수 있습니다. 이번 챕터뿐 아니라 다른 챕터에서 활용된 명령어는 뒤에서 따로 정리해 놓았으므로 필요한 명령어를 상황에 따라서 사용하면 됩니다.

앞의 답변을 바탕으로 글의 절대적인 난이도를 대략 판별할 수 있으며, 본인 수준에 맞는 글을 찾아보는 연습을 할 수 있습니다. 또한, 왜 이 글이 우리가 독해하기 어려운가에 대한 이유를 파악할 수 있으므로, 제시된 글을 독해할 실력을 갖추기 위해 무엇을 더 공부해야 하는지를 알 수 있습니다.

자기 실력을 파악했다면, 챗GPT에 자기 수준에 맞는, 혹은 자신이 학습하고 싶은 난이도의 글을 작성시켜보면 어떨까요? 자신이 읽었던 글이 조금 어려웠다면 챗GPT로 조금 더 이해하기 쉬운 글을 만들어서 영어를 점차 익숙하게 만들어갈 수 있습니다.

반대로, 글이 너무 쉽게 느껴진다면 글의 난도와 수준을 조금 더 어렵게 만들어 도전적인 과제를 스스로 만들어내 학습해보는 것도 가능합니다. 다음 4절의 Lv. 3에서 이 방법을 상세하게 설명하겠습니다.

난이도의 단계도 지정할 수 있습니다. 글을 어느 정도로 쉽거나 어렵게 만들지를 명령어를 통해 구현할 수 있기 때문에, 자신이 원하는 난이도의 완성도 높은 지문을 쉽게 만들어 낼 수 있습니다.

내 입맛에 맞는 지문을 무한대로 만들어내는 프로그램을 통해, 우리는 조금 더 영어 공부를 쉽게 할 수 있게 되었습니다. 우리가 가진 무한한 지문생성기를 통해 앞으로 수준별로 영어에 접근할 수 있도록 다음 챕터부터 알아보겠습니다.

03 Lv. 2. 좀 어려운데, 한국어로 번역해서 읽어볼래!

영어가 익숙하지 않은 학습자에게는 전체적인 의미는 물론 영어 지문의 한 문장 한 문장이 어떤 의미를 가지는지조차 파악하기 어려울 것입니다. 한국어 해석본을 구할 수 있다면, 우리가 어려워하는 문장의 의미를 금방 알 수 있겠지만, 많은 경우에 한국어로 된 번역본을 구하기 어렵습니다.

여러분이 아직 영어 해석이 어려운 단계라면 다른 기초적인 어휘, 문법 학습과 더불어 자신이 볼 텍스트의 영어와 한글 버전을 비교해가면서 영어가 한국어로 바뀌는 과정을 익숙하게 만들어볼 필요가 있습니다. 챗GPT가 해석한 양질의 번역자료를 통하여 영어를 조금 더 익숙하게 만들어 문장해석이 자연스럽게 되도록 연습해봅시다.

먼저 시중에 나와 있는 많은 번역 프로그램과 챗GPT의 차이점에 대해서 살펴보고 왜 챗GPT를 써야 하는지 먼저 알아보겠습니다.

> 이제부터 영어 지문을 제시하겠습니다. 이를 한국어로 번역해주세요.

> 영어 지문을 제시해주시면, 그것을 한국어로 번역해 드리겠습니다.

> He watched the flying fish burst out again and again and the ineffectual movements of the bird. That school has gotten away from me, he thought. They are moving out too fast and too far.

> 그는 나는 새들의 소용없는 움직임과 함께 계속해서 뛰어오르는 날치를 관찰했다. 그는 그 떼가 나를 벗어났다고 생각했다. 그들은 너무 빠르고 멀리 움직인다.

앞 지문은 소설 <노인과 바다>에서 일부 발췌한 지문입니다. 앞뒤 설명이 없어 다소 어색한 면은 있지만 문장을 보고 해석하는 활동에서는 전혀 무리가 없습니다.

반면, 아래의 사진은 타 사이트의 번역기에 같은 지문을 입력하고 캡처한 것입니다.

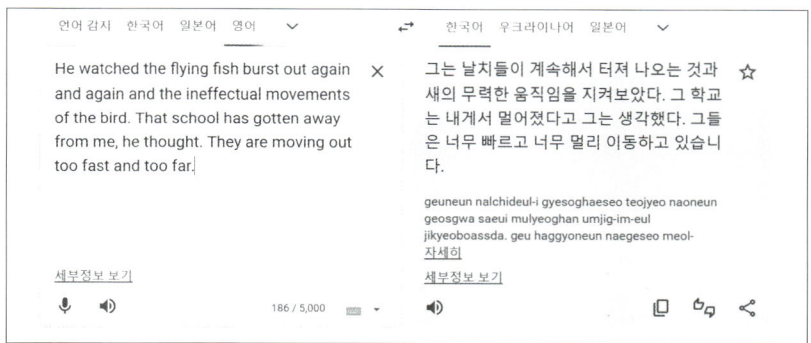

바다에서 튀어 오르는 날치의 모습을 'burst out' 그대로 해석하여 '터져 나오는'이라고 어색하게 해석하였으며, 물고기의 무리를 의미하는 'school'을 대중적으로 많이 쓰이는 말인 '학교'라고 해석하고 있습니다. 이렇듯, 번역 단계에서 치명적인 오류가 생길 수 있으므로 가장 유명한 사이트의 번역 프로그램이지만 신뢰하기는 힘들어 보입니다.

반면, 앞의 사례를 보았을 때, 짧은 글이지만 챗GPT는 그 안에서 맥락을 파악하고 적절한 어휘적 해석을 내놓는 모습을 볼 수 있습니다. 챗GPT를 활용하는 것이 다른 번역기를 활용하는 것보다 훨씬 학습에 도움이 될 것입니다.

먼저 영어가 아직 익숙하지 않은 학습자의 경우, 우선, 문장 해석 능력을 빠르게 키울 필요가 있습니다. 각 문장이 무슨 의미를 전달하는지를 알아야 문장 간의 관계도 알고, 글 전체가 뜻하는 바도 파악할 수 있으니까요. 스스로 해석해보는 노력도 필요하고 어휘력과 문법 지식에 대한 학습이 병행되어야겠지만, 우리는 챗GPT의 도움을 받아 먼저 문장의 의미를 알고 해당 문장이 한국어로 어떻게 바뀌는지, 반대로 한국어의 의미가 영어로 바뀌었을 때는 문장이 어떤 모양새를 띠고 있는지를 어느 정도 익숙하게 만드는 과정도 필요합니다.

자신이 의미를 알고 싶은 글을 챗GPT에 입력하여 먼저 전체적인 의미를 파악한 뒤, 다시 영어 문장과 비교해 보면서 영어로 된 문장이 한국어로 어떤 의미가 있는지 파악해 봅시다.

우선 간단한 지문을 해석시켜 보겠습니다.

🧑 이제부터 영어 지문을 제시하겠습니다. 이를 한국어로 번역해주세요.

🤖 영어 지문을 제시해 주시면, 그것을 한국어로 번역해 드리겠습니다.

🧑 I have a dream that my four little children will one day live in a nation where they will not be judged by the color of their skin but by the content of their character.

🤖 나는 언젠가 우리 어린 아이들 네 명이 피부색이 아닌 인격으로 판단되는 나라에서 살게 될 것이라는 꿈을 가지고 있다.

간단한 번역이라 쉽게 번역하는 모습을 볼 수 있습니다. 짧은 글이지만 원문과 한글을 비교해보면서 조금씩 영어를 익숙하게 만들어 볼 수 있습니다.

내용을 더 깊게 이해하기 위해 이러한 질문도 가능합니다.

> 🧑 제가 제시한 문장의 사회, 문화적 배경을 알려주세요.

🤖 제시해주신 문장은 미국의 시민운동 지도자이자 목사인 마틴 루터 킹 주니어(Martin Luther King Jr.)의 1963년 8월 28일 워싱턴 D.C. 링컨 기념관에서 진행된 '나는 꿈을 꾼다(I Have a Dream)'라는 연설에서 발췌한 내용의 일부입니다.

이 연설은 미국의 인종 차별 문제와 인권에 대한 평등을 강조한 역사적인 연설로 꼽히며, 당시 시민권운동의 정점을 이룬 워싱턴 대행진(Washington March)의 일환으로 열린 이벤트였습니다.

이 연설은 아프리카계 미국인들과 다른 유색 인종의 인권을 증진하고 인종 간 평등과 화합을 이루기 위한 노력의 상징으로 여겨지며, 그의 말은 오늘날까지도 많은 사람에게 영감을 주고 있습니다.

발췌한 문장의 원문이 있다면 그 원문을 찾아내고 사회, 문화적 배경까지 제공하는 모습을 보여줍니다.

다른 분야의 글을 보겠습니다.

다시 02절 Lv. 1에서 보았던 논문 일부를 가져와서 해석을 부탁하였습니다.

🧑 앞으로 영문으로 된 글을 제시할 것입니다. 다음 글은 학술문서이며 기술 관련 용어들이 들어있습니다. 용어에 대한 설명을 덧붙여서 해석해주세요.

🤖 알겠습니다. 영문으로 된 학술문서 일부를 제시해주시면, 기술 관련 용어와 함께 그 내용을 해석해 드리겠습니다.

🧑 NLP approaches generally use linear algebraic approaches. So, most approaches for text NLP first convert the text or spoken words into tensors of integers. One of the easiest but the most effective way is word vector embedding. (중략) After writing the table, input sentences are tokenized and converted into a series of numbers, referencing the table.

🤖 자연어 처리(NLP, Natural Language Processing) 접근법은 일반적으로 선형 대수학적 방법을 사용합니다. 따라서 텍스트 **NLP**를 위한 대부분의 접근법은 먼저 텍스트 또는 말한 단어를 정수 텐서(tensor of integers)로 변환합니다. 가장 쉽고 효과적인 방법의 하나는 단어 벡터 임베딩(word vector embedding)입니다. (중략) 테이블을 작성한 후 입력 문장은 토큰화(tokenized)되어 숫자의 연속으로 변환되며, 이때 테이블을 참조합니다.

해당 논문이 해석하기 어렵다고 가정하고 챗GPT에게 해석을 부탁하였습니다. 한글로 바뀌어 조금 이해가 쉬워졌으나 해당 분야의 전문적인 내용이 많아 비전공자는 해석을 알아도 전체적인 내용의 파악이 어려울 수 있습니다. 이럴 때는 다시 쉽게 설명해 달라고 요청해보세요.

🙂 앞의 글을 비전공자도 알 수 있도록 설명해주세요.

🤖 앞의 글은 자연어 처리(NLP)에 대한 내용을 설명하고 있습니다. 자연어 처리는 컴퓨터가 인간의 언어를 이해하고 처리하는 기술입니다. (중략) 단어 벡터 임베딩은 문장 속의 단어들을 컴퓨터가 이해할 수 있는 숫자로 변환하는 방법입니다. 이를 위해 먼저, 분석에 필요한 모든 단어를 하나의 표에 나열해야 합니다. (중략) 이를 통해 컴퓨터는 문장의 단어들을 숫자로 변환하고 처리할 수 있게 됩니다.

이러한 방식으로 지문의 이해가 어려운 경우 챗GPT를 활용하여 대략적으로 이해를 먼저 하고, 지문에 접근할 수 있습니다.

더 나아가서 여러 분야에서도 적용할 수 있습니다.

🙂 Every fair from fair sometime declines, By chance, or nature's changing course, untrimmed; But thy eternal summer shall not fade, Nor lose possession of that fair thou ow'st를 해석해줘.

🤖 이 문장은 윌리엄 셰익스피어의 시 "Sonnet 18"에서 발췌한 것입니다. 이 문장을 해석하면 다음과 같습니다.
"모든 아름다움은 언젠가 미모를 잃게 되는데, 우연이나 자연의 변화에 의해 상처받게 되지만, 너의 영원한 여름은 사라지지 않으며, 그 아름다움을 잃지 않을 것이다."
이 시에서 셰익스피어는 시인이 사랑하는 이의 아름다움이 영원히 지속될 것임을 묘사하고 있습니다. 자연의 변화와 시간의 흐름에 따라 모든 아름다움이 변하거나 소멸되지만, 시인이 사랑하는 이의 아름다움은 영원히 변치 않을 것이라는 메시지를 전달하고 있습니다.

🙂 위에 제시된 시의 배경에 대해 설명해줘.

🤖 위에서 인용된 시는 윌리엄 셰익스피어의 "Sonnet 18"로, 그의 대표적인 작품 중 하나입니다. 셰익스피어의 소네트들은 주로 사랑, 미, 시간의 흐름, 그리고 죽음과 같은 주제를 다루며, 이러한 주제들은 상호작용하여 시의 깊이를 더했습니다.
(중략)
이 시에서 셰익스피어는 시가 죽음을 이기는 힘을 가지고 있다고 주장합니다. 그의 시는 미래의 독자들에게 전달되어 영원히 살아남을 것이기 때문에, 그의 사랑하는 이의 아름다움도 영원히 기록되어 남을 것입니다. 이런 방식으로 시인은 시를 통해 사랑하는 이의 아름다움을 영원히 존속시킬 수 있음을 보여줍니다.
결국, "Sonnet 18"은 시가 강력한 도구로서의 역할을 강조하며, (후략)

앞에서 인용된 구문은 셰익스피어가 쓴 시의 일부분입니다. 문학 작품의 경우에도 작가가 의도한 문학적 장치로 인해 해석이 어느 정도는 달라질 수 있으나 의미 파악에는 문제가 없습니다. 또한, 배경까지도 물어볼 수 있으니, 작품을 더 깊이 이해하고 다시 작품에 접근해볼 수 있습니다.

영어가 익숙해지고 영어로 접하게 되는 정보가 많아지면서 우리가 다루어야 할 영어 지문의 범위는 매우 광대해집니다. 앞에서 보았듯이, 챗GPT는 편지, 소설, 학술 논문 등 장르를 가리지 않고 한글 해석에 도움을 줄 수 있으므로 학습 또는 실무를 위해서 적극적으로 활용할 수 있습니다.

04 Lv. 3. 조금 더 읽기 쉬운/어려운 문장으로 수정해줘!

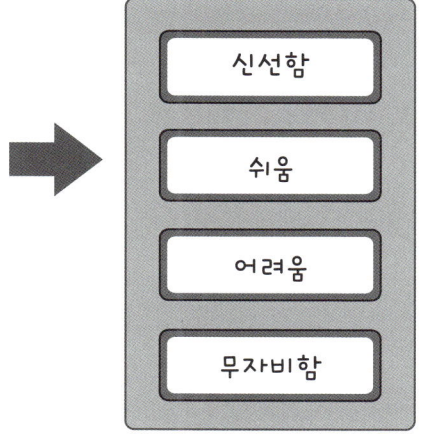

자신의 영어 실력이 어느 정도 수준에 있는지 파악하였다면, 읽을 지문을 조금 더 쉽게, 또는 조금 더 어렵게 만들어보면서 자신의 학습 수준이나 목표에 맞는 지문을 만들어서 공부해봅시다. 지문 해석의 곤란도를 결정하는 요소는 여러 가지가 있으나, 이 챕터에서는 대표적으로 어휘와 문장 구조를 가지고 전체 지문의 난이도를 조절해 보겠습니다.

2023년도 수능 영어 34번 문항의 지문을 예시로 문장을 바꾸어 보겠습니다. 먼저 지문을 읽고 본인에게 문장이 쉬운지, 어려운지 한번 판단해봅시다.

We understand that the segregation of our consciousness into present, past, and future is both a fiction and an oddly self-referential framework; your present was part of your mother's future, and your children's past will be in part your present. Nothing is generally wrong with structuring our consciousness of time in this conventional manner, and it often works well enough. In the case of climate change, however, the sharp division of time into past, present, and future has been desperately misleading and has, most importantly, hidden from view the extent of the responsibility of those of us alive now. The narrowing of our consciousness of time smooths the way to divorcing ourselves from responsibility for developments in the past and the future with which our lives are in fact deeply intertwined. In the climate case, it is not that _____. It is that the realities are obscured from view by the partitioning of time, and so questions of responsibility toward the past and future do not arise naturally.

지문에서 제시하는 내용이 추상적이고 등장하는 단어가 익숙하지 않아 해석에 어려움을 느끼는 학생들이 많았습니다. 일부분을 발췌하여 이를 조금 더 쉽게 바꾸어 보겠습니다.

> 지금부터 영어 지문을 제시하겠습니다.
> 지문을 이해하기 쉽도록 다음 기준에 맞추어 바꿔주세요.
>
> 1 추상적인 어휘를 구체적인 어휘로 바꿔주세요.
> 2 복잡한 문장 구조를 간결하게 바꿔주세요.
> 3 바뀐 내용을 따로 정리해주세요.
>
> **원문**
>
> We understand that the segregation of our consciousness into present, past, and future is both a fiction and an oddly self-referential framework; your present was part of your mother's future, and your children's past will be in part your present. Nothing is generally wrong with structuring our consciousness of time in this conventional manner, and it often works well enough.

변경된 지문

We know that dividing our awareness of time into present, past, and future is not entirely true and is a strange way to think about it; your current time was once your mother's future, and your children's past will include your current experiences. Usually, there's nothing wrong with organizing our understanding of time this way, and it often works well.

변경된 부분

1 segregation → dividing
2 consciousness → awareness
3 oddly self-referential framework → strange way to think about it
4 generally wrong → usually nothing wrong
5 structuring → organizing

명령어에 사람들이 해석하는 데 어려움을 많이 느끼는 대표적인 사례인 어휘와 문장 구조를 쉽게 만들기 위해 기준을 설정하였으며, 어떤 것이 바뀌었는지 빠르게 파악하기 위해서 따로 정리를 요청하였습니다.

　앞의 어휘를 살펴보면 다소 추상적이고 관념적인 어휘들이 조금 더 흔히 사용되는 어휘로 바뀐 것을 볼 수 있으며, 정리 4번에서 다소 해석이 까다로울 수 있는 문장을 조금 더 친숙한 문장으로 쉽게 바꾼 것을 볼 수 있습니다.

　특정 부분에 집중해서 바꿀 수도 있습니다. 예를 들어 문장을 읽다가 특히 문장의 문법적 구조가 복잡하여 이해에 어려움을 느낀다면, 문장의 구조를 중심으로 지문을 조금 더 쉽게 바꿀 수 있습니다.

　다음의 예시를 보겠습니다.

🗨 지금부터 영어 지문을 제시하겠습니다.
지문을 이해하기 쉽도록 다음의 기준에 맞추어 바꿔주세요.

1 문장의 문법적 구조를 이해하기 쉽도록 문장의 구조를 단순하게 바꿔주세요.
2 변경된 부분을 따로 정리해주세요.

원문

The narrowing of our consciousness of time smooths the way to divorcing ourselves from responsibility

for developments in the past and the future with which our lives are in fact deeply intertwined.

> **변경된 지문**
>
> By simplifying our awareness of time, we find it easier to separate ourselves from responsibility for past and future developments that are actually deeply connected to our lives.

> **변경된 부분**
>
> 1 The narrowing of → By simplifying
> 2 smooths the way to → find it easier to
> 3 with which our lives are in fact deeply intertwined → that are actually deeply connected to our lives

변경된 부분을 보면 복잡한 표현을 조금 더 간소화하여 이해하기 쉽도록 문장을 서술한 것을 볼 수 있습니다.

이처럼 챗GPT를 활용하여 지문의 수준을 조절해보세요. 제가 사용한 명령어를 수정하여 여러분들이 원하는 방식으로 얼마든지 새로운 지문을 생산해낼 수 있습니다.

반대로 지문을 어렵게 만드는 것도 가능합니다.

2절에서 보았던 문제를 다시 한번 살펴보겠습니다.

To whom it may concern,

My name is Michael Brown. I have been a bird-watcher since childhood. I have always enjoyed watching birds in my yard and and identifying them by sight and sound. Yesterday, I happened to read an article about your club. I was surprised and exicited to find out about a community of passionate bird-watchers who travel annually to go birding. I would love to join your club, but your website appears to be under construction. I could not find any information except for this contact email address. I would like to know how to sign up for the club. I look forward to your reply.

Sincerely,
Michael Brown

🙋 지금부터 영어 지문을 제시하겠습니다.

지문의 해석 난이도를 높여주세요. 그리고 바뀐 부분을 정리해주세요.

원문

My name is Michael Brown. I have been a bird-watcher since childhood. I have always enjoyed watching birds in my yard and identifying them by sight and sound. Yesterday, I happened to read an article about your club. I was surprised and excited to find out about a community of passionate bird-watchers who travel annually to go birding. *(후략)*

변경된 지문

My appellation is Michael Brown. Since the dawn of my youth, I have been an avian observer, taking delight in discerning the various avifauna inhabiting the confines of my domicile, identifying them through optical and auditory means. As serendipity would have it, I chanced upon a treatise concerning your esteemed assemblage yesterday, and to my astonishment and exhilaration, I discovered the existence of a fervent cohort of ornithological enthusiasts who embark upon annual peregrinations in pursuit of their avian ardor.

변경된 부분

1 name → appellation
2 childhood → dawn of my youth
3 bird-watcher → avian observer

(중략)

1 read an article → chanced upon a treatise
2 surprised and excited → astonishment and exhilaration
3 community → cohort
4 travel annually → embark upon annual peregrinations

단순히 어렵게 바꾸어 달라고 요청하니, 매우 무시무시한 글이 나왔습니다. 단순한 어휘들이 우리가 잘 사용하지 않는 용어들로 바뀌었으며, 전문적인 용어, 비유적인 표현 또한 등장합니다. 또한 글의 구조도 한층 더 복잡해진 것을 볼 수 있습니다.

너무 과하게 글이 조정되었다면, 다음의 요청도 가능합니다.

> 방금 전 변경된 지문은 저에게는 너무 어렵습니다.
> 변경된 지문에서 난이도를 30% 낮춰주세요.

변경된 지문

My name is Michael Brown. Since my early years, I have been an avid bird-watcher, taking pleasure in observing the various birds living in my yard and identifying them visually and audibly. By chance, I came across an article about your club yesterday, and to my surprise and excitement, I discovered a group of enthusiastic bird-watchers who embark on annual trips to pursue their passion for birding.

> 변경된 부분

1. appellation → name
2. dawn of my youth → early years
3. avian observer → avid bird-watcher
4. taking delight in → taking pleasure in
5. avifauna → birds
6. confines of my domicile → yard
7. optical and auditory means → visually and audibly
8. As serendipity would have it → By chance
9. chanced upon a treatise → came across an article
10. esteemed assemblage → club
11. astonishment and exhilaration → surprise and excitement
12. fervent cohort → group of enthusiastic
13. ornithological enthusiasts → bird-watchers
14. embark upon annual peregrinations → embark on annual trips
15. avian ardor → passion for birding

이제 다소 과했던, 비유와 전문용어들이 사라지고 적당한 어휘들로 바뀐 것을 확인할 수 있습니다. 또한, 지문의 난이도를 세밀하게 조금씩 조정해서 올리거나 내리는 것이 가능합니다. 예를 들어, 이 문장이 다시 너무 쉽게 느껴진다면 다음 대화 창에서 '10% 상향해주세요.'라는 요청으로 아주 약간만 상향시킨 수정본을 만드는 것도 가능합니다.

이제 구체적 주문해보겠습니다. 문장 구조는 그대로 두고 어휘만 조금 더 어렵게 바꾸고 싶다면 다음처럼 한번 요청해보세요.

> 다음 지문을 아래 제시된 기준으로 20% 어렵게 바꾸어주세요.
>
> 1 불필요한 구조의 변경은 하지 않습니다.
> 2 내용어만 제시된 어휘보다 어렵게 바꾸어주세요.
> 3 전문용어는 사용하지 않습니다.
> 4 바뀐 내용을 정리해주세요.
>
> **원문**
>
> My name is Michael Brown. I have been a bird-watcher since childhood. I have always enjoyed watching birds in my yard and identifying them by sight and sound. (후략)

변경된 지문

My appellation is Michael Brown. I have been a bird-watcher since childhood. I have continually delighted in observing birds in my yard and recognizing them by visual and auditory means.
(후략)

변경된 부분

1 name → appellation
2 always enjoyed → continually delighted in
3 watching → observing
4 sight and sound → visual and auditory means

바뀐 내용을 확인해보면 문장의 구조는 그대로 유지된 채 어휘만 약간 어렵게 변경이 되었습니다. 앞과 반대로 문장을 어렵게 만드는 것 또한 가능합니다.

같은 지문을 가지고, 이번에는 문장의 복잡도를 높여 보겠습니다.

🧑 다음 지문을 아래 제시된 기준으로 20% 어렵게 바꾸어주세요.

1 불필요한 어휘의 변경은 하지 않습니다.
2 문장의 구조만 제시된 지문보다 어렵게 바꾸어주세요.
3 바뀐 내용을 정리해주세요.

원문

My name is Michael Brown. I have been a bird-watcher since childhood. I have always enjoyed watching birds in my yard and identifying them by sight and sound.

변경된 지문

As an individual bearing the appellation Michael Brown, my involvement as a bird-watcher commenced during my childhood years. It has been a consistent source of enjoyment for me to observe the avian creatures inhabiting my yard and to identify them utilizing both visual and auditory cues.

> **변경된 부분**

1 My name is → As an individual bearing the appellation
2 I have been → my involvement as a bird-watcher commenced during
3 childhood → childhood years
4 always enjoyed → consistent source of enjoyment for me
5 watching → observe
6 in my yard → inhabiting my yard
7 sight and sound → visual and auditory cues

 답변 아래의 정리된 항목을 보면, 몇몇 어휘와 문장 구조를 바꾸어 지문을 이해하기 어렵게 만든 것을 볼 수 있습니다.
 이처럼, 문장을 쉽게 또는 어렵게 만들어 볼 수 있고, 만들어진 지문을 가지고 세밀하게 난이도를 조정하는 것도 가능합니다. 이러한 기능을 적극적으로 활용한다면 여러분들의 수준에 맞는 학습이 가능하며, 자료를 찾기 위해 사용되는 시간을 줄여 효율적인 학습을 할 수 있습니다.

05 | Lv. 4. 독해 실력이 향상되는 끊어 읽기!

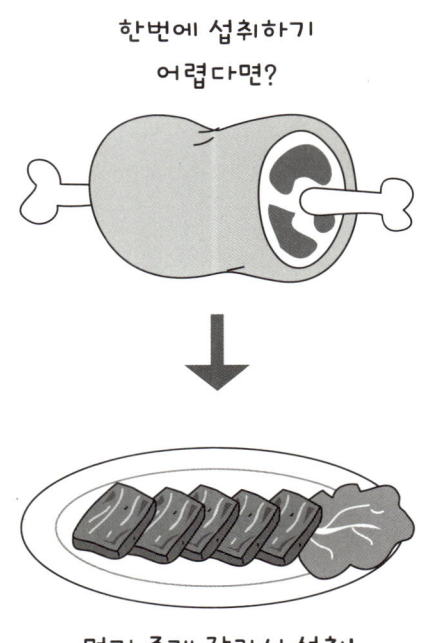

영어 문장을 해석하고 의미를 이해하는 활동에서 가장 효율적인 방법의 하나는 '끊어 읽기'를 하는 것입니다. 끊어 읽기는 영어식 어순 그대로 지문을 이해하면서 읽기의 속도를 높이고 의미 파악의 정확성을 증진하는 가장 효과적인 방법입니다.

다음 예시지문을 가지고 끊어 읽기를 시도해 봅시다. 먼저 지문을 읽고, 여러분의 끊어 읽기 방식과 챗GPT의 방식을 비교해보세요.

Coming of age in the 18th and 19th centuries, the personal diary became a centerpiece in the construction of a modern subjectivity, at the heart of which is the application of reason and critique to the understanding of world and self, which allowed the creation of a new kind of knowledge. Diaries were central media through which enlightened and free subjects could be constructed. They provided a space where one could write daily about her whereabouts, feelings, and thoughts. Over time and with rereading, disparate entries, events, and happenstances could be rendered into insights and narratives about the self, and allowed for the formation of subjectivity. It is in that context that the idea of "the self [as] both made and explored with words" emerges. Diaries were personal and private; one would write for oneself, or, in Habermas's formulation, one would make oneself public to oneself. By making the self public in a private sphere, the self also became an object for self-inspection and self-critique.

어땠나요? 고등학교 3학년 학생들을 기준으로 중~상 정도의 난이도를 가지고 있습니다. 이 지문을 분석하기 위하여 챗GPT에 끊어 읽기를 시켜보겠습니다.

> 👤 지금부터 학생을 위한 영어지문 직독직해 교육 방법을 설명드리겠습니다.
>
> 1 문장을 한 번에 5단어 정도의 길이로 구성된 덩어리로 쪼갭니다.
> 2 완전한 의미를 구성하는 단위로 끊어주세요.
> 3 문장을 끊는 지점은 '/'으로 표시해주세요.
>
> **원문**
>
> Coming of age in the 18th and 19th centuries, the personal diary became a centerpiece in the construction of a modern subjectivity, at the heart of which is the application of reason and critique to the understanding of world and self, which allowed the creation of a new kind of knowledge. (중략)
> By making the self public in a private sphere, the self also became an object for self-inspection and self-critique.

변경된 지문

Coming of age in the 18th/ and 19th centuries,/ the personal diary became/ a centerpiece in the construction/ of a modern subjectivity,/ at the heart of which is/ the application of reason and critique/ to the understanding of world and self,/ which allowed the creation/ of a new kind of knowledge. (중략)
By making the self public/ in a private sphere,/ the self also became an object/ for self-inspection and self-critique.

우선 기준을 세부적으로 설정하지 않고 끊어 읽기를 시도해보았습니다. 적당히 하나의 의미를 형성하는 단위로 끊어진 것을 볼 수 있습니다.

해당 부분에서 조금 더 세밀하게 끊어 읽기를 하고 싶다면 다음의 대화를 한번 참고해보세요.

🧑 지금부터 학생을 위한 영어 지문 직독직해 교육 방법을 설명하겠습니다.

1 문장을 한 번에 2~5개 단어 정도의 길이로 구성된 덩어리로 쪼갭니다.

2 문장에서 다음과 같은 단어가 등장할 경우, 그 단어의 바로 앞에서 무조건 문장을 끊어야 합니다.
  - 전치사
  - To 부정사
  - 관계대명사
  - 접속사
  - 동사
  - 부사구
  - 콤마 또는 세미콜론

이해하셨습니까?

다음 지문으로 직독직해의 교육 방법을 실천해 보세요

원문

Coming of age in the 18th and 19th centuries, the personal diary became a centerpiece in the construction of a modern subjectivity, at the heart of which is the application of reason and critique to the understanding of world and self, which allowed the creation of a new kind of knowledge. (중략) By making the self public in a private sphere, the self also became an object for self-inspection and self-critique.

 변경된 지문

Coming of age / in the 18th / and 19th centuries, / the personal diary / became a centerpiece / in the construction / of a modern subjectivity, / at the heart / of which / is the application / of reason / and critique / to the understanding / of world / and self, / which allowed / the creation / of a new kind / of knowledge. / (중략) By making / the self public / in a private sphere, / the self also became / an object / for self-inspection / and self-critique.

앞의 대화처럼 문장을 끊을 기준을 정하여 내가 원하는 부분에서 문장을 끊도록 세부적으로 요청할 수 있으며, 해석이 필요하다면 03절 Lv. 2에서 제시한 방법으로 해석을 제공받을 수 있습니다.

이러한 기능을 활용하면, 어떤 자료든 원하는 방식으로 영어 학습자료를 생성할 수 있습니다.

06 Lv. 5. 글의 주제를 빠르게 파악하는 훈련

1974년에 진행됐던 영리한 실험이 자기보고에 근거한 데이터가 얼마나 허술한지를 입증했다. 브리티시컬럼비아 대학교와 뉴욕스토니브룩 대학연구진은 이성애자인인 남성 참가자들이 여성 연구 조교에게 매력을 느끼는지 묻는 실험을 진행했다. 뇌와 몸 사이에는 양방향을 오가는 피드백이 존재한다, 우리는 추정되는 감정 상태에 맞추어 생리적 상태를 합리화 시킨다. '각성의 오귀인' 이라 부르며 많은 연구에서 우리가 항상 이 함점에 빠진다는 것을 보여주고 있다.

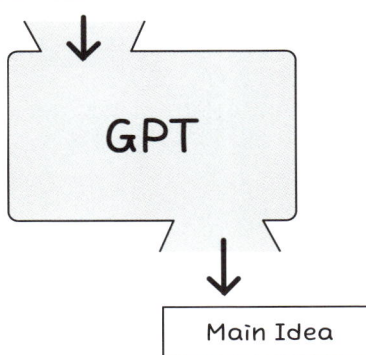

지금까지 과정은 문장을 더 잘 이해하기 위한 연습이었습니다. 지금부터는 문장 해석 단계를 지나 글 전체의 흐름을 파악하는 연습을 해보겠습니다. 많은 경우 문장의 의미 파악에 어려움이 없더라도 글 전체의 의미는 파악하지 못하는 학생들을 많이 볼 수 있습니다. 입시뿐 아니라 다른 모든 종류의 글 읽기에서도 글 전체의 의미를 이해하고 주제를 파악하는 것은 중요합니다. 이 챕터에서는 글의 주제를 중심으로 글 전체의 흐름을 파악할 수 있는 챗GPT 활용법을 소개하겠습니다.

아래의 지문을 다시 읽고, 문장의 주제를 찾아보세요.

Coming of age in the 18th and 19th centuries, the personal diary became a centerpiece in the construction of a modern subjectivity, at the heart of which is the application of reason and critique to the understanding of world and self, which allowed the creation of a new kind of knowledge. Diaries were central media through which enlightened and free subjects could be constructed. They provided a space where one could write daily about her whereabouts, feelings, and thoughts. Over time and with rereading, disparate entries, events, and happenstances could be rendered into insights and narratives about the self, and allowed for the formation of subjectivity. It is in that context that the idea of "the self [as] both made and explored with words" emerges. Diaries were personal and private; one would write for oneself, or, in Habermas's formulation, one would make oneself public to oneself. By making the self public in a private sphere, the self also became an object for self-inspection and self-critique.

글의 주제를 찾으셨나요? 이 글은 어떤 방식으로 전개되었나요?
챗GPT에 분석을 맡겨보았습니다.

> 지금부터 한 편의 글을 제공하겠습니다.
> 이 글을 구성하는 문장들을 각기 다음과 같은 기준으로 분류해 주세요.
> 그리고 주제를 이처럼 선정한 이유에 대하여 알려주세요.

기준

- 도입부 (배경)
- 글쓴이가 하고자 하는 말 (주제)
- 주제를 뒷받침하기 위한 논리적 근거
- 주제를 뒷받침하기 위한 예시
- 결론

원문

Coming of age in the 18th and 19th centuries, the personal diary became a centerpiece in the construction of a modern subjectivity, at the heart of which is the application of reason and critique to the understanding of world and self, which allowed the creation of a new kind of knowledge. (중략)
By making the self public in a private sphere, the self also became an object for self-inspection and self-critique.

제시된 글에 대한 분류는 다음과 같습니다.

도입부 (배경)

- Coming of age in the 18th and 19th centuries, the personal diary became a centerpiece in the construction of a modern subjectivity, (중략) which allowed the creation of a new kind of knowledge. (18~19세기에 성장한 개인 일기는 현대 주체성 구축의 중심이 되었으며, 이의 핵심에는 이성과 비판을 세상과 자아에 대한 이해에 적용하여 새로운 종류의 지식을 창출할 수 있게 했습니다.)

하고자 하는 말 (주제)

- Diaries were central media through which enlightened and free subjects could be constructed. (일기는 계몽된 자유 주체가 구성될 수 있는 핵심 매체였습니다.)

주제를 뒷받침하기 위한 논리적 근거

- They provided a space where one could write daily about her whereabouts, feelings, and thoughts. (일기는 개인의 일상적인 행방, 감정, 생각에 대해 쓸 수 있는 공간을 제공했습니다.)

- Over time and with rereading, disparate entries, events, and happenstances could be rendered into insights and narratives about the self, and allowed for the formation of subjectivity. (시간이 지나고 다시 읽으면서, 일기의 산발적인 기록들, 사건들, 일들은 자아에 대한 통찰과 서사로 전환되어 주체성을 형성하게 했습니다.)

- It is in that context that the idea of "the self [as] both made and explored with words" emerges. (그러한 맥락에서 "말로 만들어지고 탐구되는 자아"라는 개념이 등장합니다.)

결론

- Diaries were personal and private; one would write for oneself, or, in Habermas's formulation, one would make oneself public to oneself. By making the self public in a private sphere, the self also became an object for self-inspection and self-critique. (일기는 개인적이고 사적이었으며, 스스로를 위해 쓰거나, 하버마스의 공식에 따라 스스로에게 공개하는 것이었습니다. 자아를 사적 영역에서 공개함으로써, 자아는 자기 검토와 자기 비판의 대상이 되었습니다.)

이 글의 주제를 선정한 이유는 18~19세기에 개인 일기가 현대 주체성 구축의 중심이 되면서 새로운 종류의 지식을 창출했다는 사실을 강조하고자 했기 때문입니다. 이를 통해 일기가 어떻게 개인의 주관성을 형성하는 데 도움이 되었는지 보여주려고 했습니다. (후략)

이처럼 글 속에서 각 문장의 역할을 찾아내어 글이 어떤 방식으로 전개되었는지 파악하고, 글의 주제를 확인할 수 있습니다. 그리고 글읽기 전략에서 상대적으로 더 중요한 부분을 찾아 의미 파악의 정확성을 높이고, 상대적으로 덜 중요한 부분에 쏟는 에너지를 줄여 글을 읽는 시간을 줄일 수 있습니다.

먼저 글의 핵심을 파악해보고 챗GPT의 결과물과 비교하면서 학습한다면, 더 논리적이고 효율적으로 글을 학습하실 수 있습니다.

07 Lv. 6. 긴 글을 빠르게 요약하는 훈련

내가 글을 완벽히 이해했다는 것을 어떻게 하면 확인할 수 있을까요? 가장 확실한 방법은 글을 요약해보는 것입니다. 주제문장과 핵심 정보를 찾아 글을 요약하는 훈련을 통해 글을 확실하게 이해했다는 것을 확인할 수 있으며, 이 과정에서 글을 정확하게 읽는 능력과 논리적인 사고를 키울 수 있습니다. 또한, 쓰기 실력도 향상시킬 수 있습니다.

2절에서 등장했던 수능 지문입니다. 여러분들도 다음 글을 읽고 글을 요약해보세요.

My name is Michael Brown. I have been a bird-watcher since childhood. I have always enjoyed watching birds in my yard and identifying them by sight and sound. Yesterday, I happened to read an article about your club. I was surprised and excited to find out about a community of passionate bird-watchers who travel annually to go birding. I would love to join your club, but your website appears to be under construction. I could not find any information except for this contact email address. I would like to know how to sign up for the club. I look forward to your reply.

그 다음 챗GPT의 답변과 비교해봅시다.

> 🙂 지금부터 영어 지문을 제시하겠습니다.
>
> My name is Michael Brown. I have been a bird-watcher since childhood. (중략) I would like to know how to sign up for the club. I look forward to your reply.
>
> 전체 내용의 50% 정도로 요약해주세요.

> 🤖 Summary
>
> Michael Brown, a lifelong bird-watcher, recently discovered a passionate bird-watching club through an article. He is eager to join but could not find any information on the under-construction website, except for the contact email. Michael inquires about the club membership process and awaits a response.

여러분의 답변과 비교해보았나요? 글의 내용을 이해하고 핵심을 찾아 요약하는 것은 매우 힘들지만 영어 독해와 영어로 사고하기 위해 꼭 필요한 활동입니다.

처음에는 요약문의 분량을 늘려서 해보다가 점차 요약문 분량을 줄여 꼭 필요한 핵심 정보만을 파악해보는 연습도 추천합니다. 다음과 같이 명령어를 입력하여 요약문의 양을 조절할 수 있습니다.

> 지금부터 영어 지문을 제시하겠습니다.
>
> My name is Michael Brown. I have been a bird-watcher since childhood. (중략) I would like to know how to sign up for the club. I look forward to your reply.
>
> 전체 내용의 30% 정도로 요약해주세요.

> Summary
> Bird-watcher Michael Brown, intrigued by an article about a bird-watching club, seeks membership information due to the club's under-construction website.

그리고 다음과 같이 문장 단위, 단어 단위로도 분량을 지정할 수 있습니다. 이 글에 활용된 지문은 앞 챕터에서 활용한 2023 수능 21번 문항의 지문입니다.

> 🗨 지금부터 영어 지문을 제시하겠습니다. 3문장으로 요약해주세요.
>
> Coming of age in the 18th and 19th centuries, the personal diary became a centerpiece in the construction of a modern subjectivity, (중략) By making the self public in a private sphere, the self also became an object for self-inspection and self-critique.

💬 Personal diaries in the 18th and 19th centuries significantly shaped modern subjectivity by promoting reason and critique in self-understanding. These diaries facilitated the development of enlightened subjects by providing a space for daily reflection. Over time, entries transformed into self-narratives, allowing for the formation of subjectivity and fostering self-inspection and self-critique.

> 🧑 지금부터 영어 지문을 제시하겠습니다. 10단어로 요약해주세요.
>
> Coming of age in the 18th and 19th centuries, the personal diary became a centerpiece in the construction of a modern subjectivity, (중략) By making the self public in a private sphere, the self also became an object for self-inspection and self-critique.

🤖 Diaries shaped modern subjectivity, enabling self-narratives, fostering self-inspection, and self-critique.

이처럼 챗GPT를 활용하여 글을 요약하고 자신의 글과 비교해보면서, 글을 이해하고 핵심 정보를 빠르게 찾아내는 훈련을 할 수 있습니다. 글의 중요한 부분을 스스로 파악하고, 이를 어떻게 표현할지 고민하면서 능동적으로 글을 읽는 활동을 할 수 있으며, 이는 영어 실력 향상에 매우 큰 도움이 될 것입니다.

08 [레시피] 독해 연습을 위한 명령어 레시피 모음

챗GPT를 제대로 활용하기 위해서는 사용하는 목적에 맞는 명령어를 입력하는 것이 매우 중요합니다. 이 챕터에서는 앞 챕터에서 활용된 명령어를 어떻게 활용할 수 있을지를 설명하겠습니다.

1. 지문의 난이도 판별

> 다음에 영어로 된 지문을 제시하겠습니다.
> 다음의 기준에 맞추어 영어 지문 해석의 난이도를 종합하여 알려주세요.
> 1 일상적이지 않은 단어
> 2 문장의 복잡성
> 3 배경지식의 필요성
> 제시문

지문의 난이도를 알아볼 때 사용하였던 명령어입니다. 그대로 사용하거나, 여러분들이 원하는 기준을 선정하여 앞의 명령어를 삭제 혹은 추가해서 여러분들의 상황에 맞는 명령어를 사용할 수 있습니다. 글의 성격도 '다음 글은 (예시-사회학 논문)입니다.'로 알려주면 더 정확한 결과를 얻을 수 있습니다.

2. 번역

> 🙂 앞으로 영문으로 된 글을 제시할 것입니다.
> 다음 글은 학술문서이며 기술 관련 용어들이 들어있습니다.
> 용어에 대한 설명을 덧붙여서 해석해주세요.
>
> 제시문

번역 단계에서 사용할 수 있는 명령어입니다. 글의 성격을 알려준다면, 해당 분야에 가까운 어휘를 사용하여 더 정확하게 번역할 수 있습니다.

글이 어렵다면 다음 대화에서 다음 형식의 명령어를 넣는다면, 내용 이해에 필요한 설명을 얻을 수 있습니다.

> 🙂 앞의 글을 비전공자도 알 수 있도록 설명해주세요.

3. 지문의 난이도 조정

　가장 기초적인 난이도 조정 명령어입니다. 영어 해석에 어려움을 느끼게 하는 요소들을 삽입하여 구성하였습니다. 여러분이 필요한 대로 기준을 수정할 수 있으며, 요소를 줄여 한가지 요소만 지정하는 것도 가능합니다.

> 지금부터 영어 지문을 제시하겠습니다.
> 지문을 이해하기 쉽도록 다음 기준에 맞추어 바꿔주세요.
>
> **1** 추상적인 어휘를 구체적인 어휘로 바꿔주세요.
>
> **2** 복잡한 문장 구조를 간결하게 바꿔주세요.
>
> **3** 바뀐 내용을 따로 정리해주세요.
>
> 원문

> 지금부터 영어 지문을 제시하겠습니다.
> 지문을 이해하기 쉽도록 다음의 기준에 맞추어 바꿔주세요.
>
> **1** 문장의 문법적 구조를 이해하기 쉽도록 문장의 구조를 단순하게 바꿔주세요.
>
> **2** 변경된 부분을 따로 정리해주세요.
>
> 제시문

반대로 어렵게 만들 때는 이렇게 지문을 어렵게 만들도록 지정할 수 있습니다. 이 명령어를 활용한 후, 내용이 너무 쉽거나 어렵다면 앞에 제시된 %에 숫자를 높거나 낮게 바꾸어 세밀하게 난이도를 조정할 수 있습니다.

> 🙂 다음의 지문을 다음을 기준으로 20% 어렵게 바꾸어주세요.
> 1 불필요한 구조의 변경은 하지 않습니다.
> 2 내용어만 제시된 어휘보다 어렵게 바꾸어주세요.
> 3 전문용어는 사용하지 않습니다.
> 4 바뀐 내용을 정리해주세요.
> 제시문

4. 끊어 읽기

끊어 읽기 활동에 필요한 명령어입니다. 1번 기준에서 끊어 읽기의 분량을 조정할 수 있고, 2번 기준에서 끊어 읽는 기준을 제시하였습니다.

각 기준을 바꾼 명령어를 보여드리겠습니다.

> 🧑 지금부터 학생을 위한 영어지문 직독직해 교육 방법을 설명하겠습니다.
> **1** 문장을 한 번에 5단어 정도의 길이로 구성된 덩어리로 쪼갭니다.
> **2** 완전한 의미를 구성하는 단위로 끊어주세요.
> **3** 문장을 끊는 지점은 '/'으로 표시해주세요.
> 제시문

조금 더 기준을 세분화해보았습니다. 다음 명령어를 활용해보고, 필요한 경우 기준을 여러분에게 맞추어 수정하여 사용하면 조금 더 여러분의 상황에 적합한 끊어 읽기 자료를 생성할 수 있습니다.

> 🗨 지금부터 학생을 위한 영어지문 직독직해 교육 방법을 설명드리겠습니다.
>
> 1 문장을 한 번에 2~5단어 정도의 길이로 구성된 덩어리로 쪼갭니다.
> 2 문장에서 다음과 같은 단어가 등장할 경우, 그 단어의 바로 앞에서 무조건 문장을 쪼개야 합니다.
>   - 전치사
>   - To 부정사
>   - 관계대명사
>   - 접속사
>   - 동사
>   - 부사구
>   - 콤마 또는 세미콜론
>
> 제시문

5. 글의 주제 파악

글의 주제를 파악할 때 활용한 명령어입니다. 기준은 대략적으로 글을 구성하기 위해 필요한 요소들을 넣었으며 여러분들의 기준이나 활용하는 분야에 따라서 적절히 변경하여 사용할 수 있습니다.

> 🗨 지금부터 한 편의 글을 제공하겠습니다.
> 이 글을 구성하는 문장들을 각기 다음과 같은 기준으로 분류해 주세요.
> 그리고 주제를 이처럼 선정한 이유에 대하여 알려주세요.
>
> **기준**
>
> - 도입부 (배경)
> - 하고자 하는 말 (주제)
> - 주제를 뒷받침하기 위한 논리적 근거
> - 주제를 뒷받침하기 위한 예시
> - 결론
>
> 제시문

6. 글의 요약

글을 요약할 때 사용할 수 있는 명령어입니다. % 앞의 숫자를 바꾸어 글의 분량을 조정하여 핵심 내용을 줄여나가는 연습을 할 수 있습니다.

> 🗨 지금부터 영어 지문을 제시하겠습니다.
> 제시문
> 전체 내용의 50% 정도로 요약해주세요.

09   Lv. 7. 실무 상황에서 영어 문서를 읽는 훈련

    우리는 다양한 분야에서 다양한 형태의 영어로 된 지문을 접하게 됩니다. 앞선 지문에서 시험영어, 논문, 소설 등 다양한 지문을 살펴보았고, 읽기 훈련의 최종 목적은 글의 내용을 빠르고 정확하게 파악하는 것으로 실무에서도 이는 동일할 것입니다.

    이 챕터에서는 몇 가지 예시를 살펴보면서, 실무공간에서 챗GPT를 어떻게 활용할 수 있을지 알아보고 이를 응용하여 여러분들의 환경에서도 사용하는 연습을 해 봅시다.

    여러분은 YYG라는 회사의 물품 판매 담당자이며 다음과 같은 이메일을 받았습니다.

Subject: New Business Opportunity - Bulk Order Inquiry

Hello Jeremy B,

I hope this message finds you well. My name is Sean H, and I am the Purchasing Manager at JJ Corporation. We recently came across your products at YYG Enterprises and were highly impressed with the quality and variety offered.

Our company is interested in placing a bulk order for your eco-friendly notebooks and establishing a business relationship. We believe that your products would be a great fit for our customers, and we would like to discuss the possibility of a long-term partnership.

To better understand your pricing structure and product availability, could you please provide the following information.

1. Pricing tiers and applicable discounts for bulk orders.

2. Estimated lead time for processing bulk orders.

3. Minimum order quantities that apply.

4. Shipping options and associated costs.

Once we have this information, we can discuss the specifics of our order and finalize partnership terms. We would appreciate a prompt response with the requested information.

Thank you for considering our inquiry. We look forward to the opportunity to collaborate, and if you have any questions or need additional information, please feel free to contact me directly at seanh@jjcorporation.com or (123) 456-7890.

Best regards,

Sean H

Purchasing Manager

JJ Corporation

seanh@jjcorporation.com

(123) 456-7890

만약 내가 영어에 익숙하지 않고 갑자기 영어로 된 이메일을 받는다면 당황스러울 수 있습니다. 그럴 경우, 앞서 배운 기능들을 적극적으로 활용해보세요.

제일 먼저 활용할 수 있는 것은 번역 기능입니다.

🙂 제시문은 비지니스 이메일입니다. 제시문을 한국어로 번역해주세요.

제시문

I hope this message finds you well. My name is Sean H, and I am the Purchasing Manager at JJ Corporation.
(후략)

 번역

이 메시지가 잘 전달되길 바랍니다. 저는 JJ Corporation의 구매 담당자인 Sean H입니다. 최근 YYG Enterprises에서 귀사의
(중략)

적용되는 최소 주문 수량
배송 옵션 및 관련 비용

이 정보를 얻게 되면, 저희 주문의 구체적인 사항을 논의하고 파트너십 조건을 최종화할 수 있습니다. 요청한 정보와 함께 신속한 응답을 주시면 감사하겠습니다.

저희 문의를 고려해 주셔서 감사합니다. 협력 기회를 기대하며, 궁금한 점이나 추가 정보가 필요하면 (후략)

이처럼 기초적인 번역을 통해 문서를 볼 수 있습니다. 또한 이러한 요청도 가능합니다.

저는 회사의 물품 판매 담당자입니다. 이메일의 내용을 바탕으로 제가 해야 할 일을 요약해주세요.

안녕하세요,

이메일의 내용을 바탕으로, 회사의 물품 판매 담당자로서 해야 할 일은 다음과 같습니다.

1 대량 주문에 적용되는 가격 및 할인 정보를 제공하세요.
2 대량 주문 처리에 대한 예상 소요 시간을 알려주세요.
3 적용되는 최소 주문 수량을 공유해주세요.
4 배송 옵션 및 관련 비용에 대한 정보를 제공하세요.

요청된 정보를 포함한 이메일로 Sean H에게 답장을 보내주세요. 그 후, JJ Corporation과의 주문 세부 사항과 협력 조건에 대해 논의할 수 있습니다. 추가 정보나 질문이 있는 경우, Sean H는 이메일(seanh@jjcorporation.com) 또는 전화((123) 456-7890)로 연락할 것입니다.

이렇듯 제시된 정보를 바탕으로 간결하게 내용을 파악할 수 있습니다. 또한 기업 설명서를 보고 이러한 질문을 할 수도 있습니다.

다음은 한 회사의 기업 설명서입니다.

Espresso Exporters Inc. is a leading global supplier of high-quality espresso machines. (중략) Our mission is to deliver premium espresso machines to businesses and individuals who seek to enhance their coffee experience and create the perfect cup of coffee every time.

Our Products

Espresso Exporters Inc. offers a comprehensive range of espresso machines, carefully selected for their performance, durability, and design. Our product line includes both manual and automatic machines, catering to the diverse needs of our clients. (중략)

Quality Assurance

At Espresso Exporters Inc., we understand the importance of quality and reliability when it comes to espresso machines. That's why we partner with reputable manufacturers who adhere to the highest industry standards. (중략)

Global Distribution

With an extensive network of distribution partners, Espresso Exporters Inc. proudly serves customers in every corner of the world. (중략)

Customer Support

Our commitment to customer satisfaction is at the heart of

our business. We understand that selecting the right espresso machine can be a challenging process, and our team of experts is here to help. (중략)

Partner with Us

If you're in the market for an exceptional espresso machine, Espresso Exporters Inc. is the partner you can trust. (중략)

Contact Information

For more information about our products and services, please contact us at.

Espresso Exporters Inc.

Phone: (123) 456-7890

Email: info@espressoexporters.com

Website: www.espressoexporters.com

We look forward to serving you and helping you create the perfect espresso experience.

> 다음 기업에서 제공하는 서비스를 간략하게 요약해주세요.

다음 기업은 고품질의 에스프레소 머신을 수출하는 회사입니다. 이들은 수동 및 자동 에스프레소 머신 등 다양한 제품을 제공하며, 최신의 에스프레소 기술과 디자인을 지닌 것이 특징입니다. 그들은 고객이 맞춤형 솔루션을 찾을 수 있도록 광범위한 제품을 선보이고, 전 세계 고객들에게 최상의 서비스와 지원을 제공하기 위해 노력합니다.

구체적으로 질문해보겠습니다.

> 저희는 소규모 카페입니다. 다음 기업의 물품을 구매하였을 때 어떤 장점이 있을까요?

다음 기업의 에스프레소 머신을 구매하면, 소규모 카페 회사에도 여러 가지 장점이 있습니다.

1 고품질 제품: 다음 기업은 최신의 에스프레소 기술과 디자인을 사용하여 고품질의 제품을 제공합니다. 이로 인해 고객들에게 맛있고 균일한 품질의 에스프레소를 제공할 수 있습니다.

2 다양한 제품 선택: 수동 및 자동 에스프레소 머신 등 다양한 제품을 제공하므로, 카페의 규모와 요구에 맞는 머신을 선택할 수 있습니다.

3 맞춤형 솔루션: 다음 기업은 고객이 자신의 카페에 적합한 에스프레소 머신을 찾을 수 있도록 광범위한 제품을 선보입니다. 이는 카페의 효율성과 매출 증대에 도움이 됩니다.

4 전 세계 서비스 및 지원: 다음 기업은 전 세계 고객들에게 최상의 서비스와 지원을 제공하기 위해 노력합니다. 이는 제품의 유지 보수와 기술 지원이 필요할 때 빠르고 효율적인 도움을 받을 수 있다는 것을 의미합니다.

5 경쟁력 있는 가격: 다음 기업은 합리적인 가격으로 고품질의 에스프레소 머신을 제공합니다. 이를 통해 초기 투자 비용을 최소화하고, 장기적으로 비용 효율성을 극대화할 수 있습니다.

챗GPT의 기능을 바탕으로 영어가 익숙하지 않더라도, 본 챕터와 다른 챕터에서 배운 내용을 바탕으로 간단한 비즈니스의 영역에서 충분히 업무를 진행할 수 있을 것입니다.

Chapter 4
챗GPT와 Speaking 학습

01 ···· 왜 Speaking 공부에 챗GPT를 활용해야 할까?
02 ···· 회화 공부에 앞서! 필수 프롬프트 엔지니어링
03 ···· 여행을 떠나요!
04 ···· 해외 출장을 떠나요!
05 ···· 토익 스피킹 시험을 준비해요!

01 왜 Speaking 공부에 챗GPT를 활용해야 할까?

영어 회화 앱을 사용해 본 적이 있나요? 최근에 저렴한 비용으로 원어민 강사와의 전화 통화를 알선해주는 앱이 인기 목록에 떠서 사용해본 적이 있습니다. 만족스러운 경험이었지만, 불편한 부분도 있었습니다.

매칭된 원어민은 네덜란드 암스테르담에 거주하고 있었습니다. 네덜란드는 우리나라와는 7시간의 시차가 있었고요. 저녁 시간 이후 통화를 선호한다던데, 그 시간대가 우리나라는 새벽이라 일정을 잡는 것이 무척이나 번거롭고 힘들었습니다.

아울러 그분이 경험해 본 분야가 일반인 수준이다 보니 한 명의 강사와 다양한 주제를 두고 대화를 나누는 것도 쉽지 않았습니다. 국제학회에서 논문발표를 앞두고 갑작스럽게 회화 연습이 필요했는데요, 과학기술 분야의 경험이 전혀 없는 원어민과 학술발표를 준비하는 것은 불가능했습니다.

뭐, 세상이 잠든 시간에 지구 반대편의 낯선 사람과 통화를 나누는 경험은 신선하긴 했습니다.

최근에는 토익 스피킹 시험도 열풍이라죠. 토익 스피킹 학원에서는 한 번에 십여 명의 학생이 한 명의 강사와 수업을 진행합니다. 영어 말하기 시험 준비반임에도 말하기 연습해 볼 기회가 많지 않습니다. 수업은 90분으로 정해져 있는데, 이론과 문제 풀이 방법을 듣고 나서 남는 시간에 한 명씩 말하기 연습해야 하기 때문입니다.

학원에서도 강의의 단가를 맞추기 위해 한 개의 수업에 최대한 많은 수강생을 밀어 넣기를 원할 것입니다. 그러다 보니 학생 한 명당 말하기 연습을 할 수 있는 기회가 줄어드는 것이지요.

챗GPT와 함께한다면 이런 불편을 모두 해소할 수 있습니다. 챗GPT는 24시간 대기하고 있다가 내가 원할 때면 언제든지 영어로 대화를 나눠줄 수 있는 나만의 원어민 강사입니다. 또한, 비싼 수업료를 내지 않아도 1대1로 영어 회화 연습을 진행할 수 있습니다. 토익 스피킹 시험 연습도 당연히 할 수 있고요.

또한, 챗GPT는 세상 거의 모든 분야의 깊은 지식을 보유하고 있으므로 다양한 회화 상황을 부여할 수도 있습니다. 즉, 여행 이야기부터 쇼핑, 요리, 취업 등 우리가 실제로 맞닥뜨릴 수 있는 모든 상황에서의 영어회화를 연습할 수 있습니다!

이번 챕터에서는 우선 챗GPT와 채팅을 주고받으며 회화 연습을 하는 방법을 소개하겠습니다. 어느 정도 챗GPT에 상황을 부여하는 방법이 숙달했다면 다음 챕터에서 소개할 <ChatGPT Voice Master>라는 확장 프로그램을 활용해서 목소리로 챗GPT와 대화를 나눌 수 있습니다.

02 회화 공부에 앞서! 필수 프롬프트 엔지니어링

Chapter 4 챗GPT와 Speaking 학습

영어 회화 연습은 기본적으로 구어체로 문장을 생성하는 역량을 훈련하는 방식입니다. 즉, 여러분은 구어체 문장을 챗GPT에 전달하게 됩니다.

하지만 눈치가 없는 챗GPT는 이와 같은 암묵적인 룰을 이해하지 못합니다. "나는 요리가 취미야."라는 간단한 입력값을 받고서, 요즘 유행하는 요리 트렌드라거나 요리사가 되려면 숙지해야 할 지식에 대한 일장 연설을 뱉어낼 수도 있습니다.

두세 단어를 입력받았으면 응당 비슷한 길이의 문장으로 답변해 주는 것이 좋겠죠? 이를 위해 챗GPT의 답변 분량을 제약할 필요가 있습니다. 이왕이면 구체적으로 제약을 주도록 합시다.

1. GPT-4의 경우

GPT-4는 매우 똑똑하기에 이 정도만으로도 충분합니다. 다만, 다른 모델을 사용한다면 추가 작업이 필요합니다.

> 지금부터 당신은 제 회화 연습을 도와줄 영어 원어민 강사가 됩니다. 당신은 다음과 같은 규칙을 지키며 답변합니다.
>
> 1 답변은 최대 2문장으로 구성한다.
> 2 각 문장은 최대 7개까지의 단어를 사용할 수 있다.
> 3 답변에는 영어만 사용한다.
>
> 숙지하셨습니까?

> Yes, I understand the rules. Let's begin!

2. GPT-3.5의 경우

GPT-3.5는 같은 명령어를 제공하면 한글로 대답해버립니다. 입력언어가 한글이므로 자연스럽게 한글로 문장을 생성해버린 것입니다.

> 지금부터 당신은 제 회화 연습을 도와줄 영어 원어민 강사가 됩니다. 당신은 다음과 같은 규칙을 지키며 답변합니다.
>
> 1 답변은 최대 2문장으로 구성한다.
> 2 각 문장은 최대 7개까지의 단어를 사용할 수 있다.
> 3 답변에는 영어만 사용한다.
>
> 숙지하셨습니까?

> 네, 알겠습니다. 연습에 도움이 될 수 있도록 최선을 다하겠습니다.

이 경우 해결 방법이 두 가지 있습니다. 첫 번째 방법은 이 수칙을 영어로 입력하는 것이고, 두 번째 방법은 명령을 조금 더 정교하게 설계하는 것입니다.

전자를 택할 분은 채팅창에 명령어를 입력한 뒤, 이를 영어로 번역해 달라고 하여 사용하기를 바랍니다. 여기서는 챗GPT의 기본 구성요소 중 하나인 어텐션 기법의 작동원리를 고려하여 문제를 해결해 보겠습니다.

가장 중요한 규칙을 맨 앞에 기재합니다. 어텐션은 저자가 입력한 명령어를 앞에서부터 차례로 훑으며 의미를 파악하려 시도합니다. 따라서 맨 앞에서 주어진 규칙을 더욱 중요한 지침으로 받아들였을 것입니다.

> 1 답변은 최대 2문장으로 구성한다.
> 2 각 문장은 최대 7개까지의 단어를 사용할 수 있다.
> 3 답변에는 영어만 사용한다.
>
> 지금부터 당신은 제 회화 연습을 도와줄 영어 원어민 강사가 됩니다.
> 당신은 다음과 같은 규칙을 지키며 답변합니다.
> 숙지하셨습니까?

> Yes, I understand the rules and will abide by them to assist you in your conversation practice.

혹은 아래와 같이 몇 가지 조건을 입력창 맨 위에 기재해 주는 방법도 있습니다. 이를 가상 하이퍼파라미터[13] 기법이라 부릅니다. 둘 중에서 여러분이 더욱 쉽게 사용할 수 있는 방법을 택하기 바랍니다. 저자는 논리를 다루는 편이 더욱 즐겁기에, 이 책에서는 전자와 같이 한글만 사용하여 명령을 내릴 것입니다.

> 🙂 Language: English
> Answer Length Limit: 7 words
>
> 지금부터 당신은 제 회화 연습을 도와줄 영어 원어민 강사가 됩니다. 당신은 다음과 같은 규칙을 지키며 답변합니다.
>
> 1 답변은 최대 2문장으로 구성한다.
> 2 각 문장은 최대 7개까지의 단어를 사용할 수 있다.
> 3 답변에는 영어만 사용한다.
>
> 숙지하셨습니까?

---

[13] 하이퍼파라미터(Hyperparameter) : AI의 작동 범위를 지정할 때 사용하는 값. 챗GPT 채팅창에서는 원래 하이퍼파라미터 기능이 없으나, 어텐션이 여기에 매몰되어 입력받은 하이퍼파라미터를 준수하려는 듯한 행동을 보이게 됩니다. 따라서 실제로는 존재하지 않는 가상의 하이퍼파라미터를 입력하는 기법이므로 가상 하이퍼파라미터 기법이라 부릅니다.

> Yes, I am ready to assist.

추가로 위와 같은 명령을 제공하여 우리가 입력한 문장에 문법적인 오류가 있는지 확인하고, 첨삭까지 받아보겠습니다. 이제 문법이나 철자를 틀릴까봐 걱정하지 않아도 좋습니다. 어차피 챗GPT가 이를 잘 이해해 줄 테니까요.

---

1 답변에는 영어만 사용한다.
2 답변은 최대 2문장으로 구성한다.
3 각 문장은 최대 7개까지의 단어를 사용할 수 있다.

지금부터 당신은 제 회화 연습을 도와줄 영어 원어민 강사가 됩니다. 당신은 다음과 같은 규칙을 지키며 답변합니다.

향후 제 답변에 문법 오류가 있다면 이를 지적하고 수정안을 제안해야 합니다.
숙지하셨습니까?

'틀려도 괜찮다!'

이와 같은 마음가짐을 바탕으로 영어 공부를 할 수 있다는 것이 챗GPT를 활용한 회화 공부의 가장 큰 장점입니다.

자, 지금부터 여행이나 출장 등, 다양한 상황을 부여하며 챗GPT와 함께 회화 공부를 시작해 보겠습니다. 챗GPT와 저자가 나눈 대화를 상세하게 수록하기보다는 여러분이 그대로 따라 하면서 직접 챗GPT와의 회화를 체험해 볼 수 있는 방법을 안내하는 쪽에 조금 더 집중하겠습니다.

단, 하나의 문장 안에 포함되는 단어의 개수는 여러분의 수준에 맞추어 수정하기를 바랍니다. 7개로 구성하면 너무 쉽게 느껴질 수도 있습니다. 이 책에서는 한 문장이 포함할 수 있는 단어를 12개로 두겠습니다.

03 여행을 떠나요!

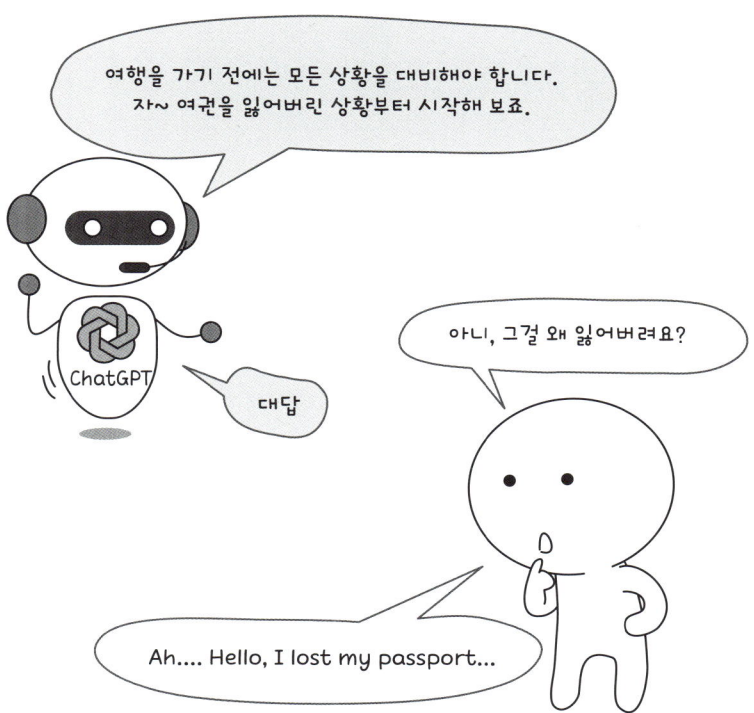

공항에서 문제가 생겼어요!

공항에서 티켓을 발권하는 상황을 설정하기 위해 정해진 프롬프트를 입력(Chapter 4의 02 회화 공부에 앞서! 필수 프롬프트 엔지니어링 참고)한 후 다음 내용을 추가로 입력하여 대화를 이어 나가 보겠습니다.

프롬프트

🙂 지금부터 해외여행을 주제로 한 대화를 시작하겠습니다.
현재 장소는 공항이며, 티켓을 발권하는 과정에서의 대화를 주고받겠습니다.
당신은 티켓 발권대의 직원이며 저는 여행객입니다.
먼저 제 여권을 요구하는 내용으로 대화를 시작해주세요.

자, 상황을 부여하기 위하여 제가 입력한 문구를 자세히 분석해 보겠습니다. 이번 프롬프트 명령어는 총 4단으로 구성됩니다.

- 대화 주제
- 상황
- 사용자와 챗GPT의 역할
- 첫 발언의 내용 지시

회화용 공통 프롬프트를 입력한 후 앞과 같은 4단 구성을 그대로 따르면 아래처럼 손쉽게 챗GPT와의 회화 연습을 시작할 수 있습니다.

회화 예시

🤖 Please provide your passport. I need it to issue your ticket.

🧑 Sure. Here you are.

🤖 Thank you. Now, let me confirm your flight details.

🧑 Ok. Do I have to show you the booking confirmation E-mail?

🤖 No, it's not necessary. I can find your reservation with your passport.

🧑 Good. That's how IT work. I love it.

🤖 Yes, technology makes travel easier. Enjoy your trip!

앞 프롬프트는 엔지니어링 이후 실제로 챗GPT와 주고받은 대화입니다. 티켓 발권 직원이라는 역할에 충실하면서도 친절하게 답변을 제공해 주고 있지요.

자, 여기까지가 챗GPT를 활용하여 회화 연습을 수행하는 기본 원리였습니다. 재미있지 않았나요? 앞으로는 여러분이 따라할 수 있도록 프롬프트의 내용을 소개하고, 간략한 대화 예시만 설명하겠습니다.

식당에서 주문을 해요

식당에서 주문하는 상황을 설정하기 위해 정해진 프롬프트를 입력한 후 다음 내용을 추가로 입력하여 대화를 이어 나가 보겠습니다.

프롬프트

> 지금부터 해외여행을 주제로 한 대화를 시작하겠습니다.
> 현재 장소는 뉴욕의 핫도그 매장이며, 음식을 주문하는 과정의 대화를 주고받겠습니다.
> 당신은 주문을 받는 웨이터이며 저는 여행객입니다.
> 저는 방금 자리에 앉았습니다. 접객을 시작해주세요.

회화 예시

🤖 Welcome to our hot dog stand in New York! May I take your order, please?

👤 Well, I'm new to here. Could you recommend something popular?

🤖 Certainly! The classic New York hot dog is popular, and so is our chili cheese dog.

👤 I'd love to try the chili one. And a Pepsi, please.

🤖 Great choice! One chili cheese dog and a Pepsi coming up. Enjoy your meal!

👤 Well, wait. Where is the toilet anyway?

🤖 The restroom is located around the corner to your left. Let me know if you need anything else.

렌터카를 빌려요!

렌터카 매장에서 차를 빌리는 상황을 설정하기 위해 정해진 프롬프트를 입력한 후 다음 내용을 추가로 입력하여 대화를 이어 나가 보겠습니다.

프롬프트

> 지금부터 해외여행을 주제로 한 대화를 시작하겠습니다.
> 현재 장소는 캘리포니아의 렌터카 매장이며, 제가 차를 빌리는 과정의 대화를 주고받겠습니다.
> 당신은 렌터카 업체의 직원이며 저는 여행객입니다.
> 저는 방금 당신의 매장에 도착했습니다. 대화를 시작해주세요.

회화 예시

- Welcome to our car rental shop! How can I help you today?

- Hi. I want to rent Ford Mustang Convertable for 3 days.

- Sure, we have a Mustang Convertible available. May I see your driver's license and credit card, please?

- Good. Here's my international driver's license. And card here. Does VISA work here?

- Yes, VISA is accepted here. Thank you for providing your license and card.

- Good. Can I see the car? I hope it is red!

- Of course! Let me show you the car. We do have a red one available.

여권을 잃어버렸어요!

경찰서를 방문해 여권 분실에 대해 도움을 요청하는 상황을 설정하기 위해 정해진 프롬프트를 입력한 후 아래 내용을 추가로 입력하여 대화를 이어 나가 보겠습니다.

프롬프트

> 지금부터 해외여행을 주제로 한 대화를 시작하겠습니다.
> 현재 장소는 미국의 경찰서이며, 저는 여권을 잃어버려서 경찰서에 방문했습니다.
> 당신은 경찰이며, 저는 여행객입니다.
> 제가 당신에게 "여권을 잃어버렸어요. 도와주세요."라고 요청했습니다.

회화 예시

🗨️ I'm sorry to hear that. We'll help you find your passport.

👤 Thanks a lot. You are so kind. Well, but, I don't remember where I dropped it. What should I do sir?

🗨️ First, file a report with us. Next, contact your embassy for assistance.

👤 Embassy? That's a great Idea. I'm from the Republic of Korea. Is it far from here?

🗨️ It's not too far. I can provide directions or help you arrange transportation.

👤 Oh, sir! Thank you. Thank you a lot. Now what should I do to file the report?

🗨️ Provide your information, and we'll complete the report together.

04 해외 출장을 떠나요!

해외 박람회에서 우리 회사를 소개해요

박람회장에서 직원으로서 바이어에게 회사를 소개하는 상황을 설정하기 위해 정해진 프롬프트를 입력한 후 다음 내용을 추가로 입력하여 대화를 이어 나가 보겠습니다.

> **프롬프트**
>
> 🔲 지금부터 해외 출장을 주제로 한 대화를 시작하겠습니다.
> 현재 장소는 미국의 CES 박람회장이며, 당신은 우리 회사 부스를 방문했습니다.
> 당신은 현지의 바이어이며, 저는 회사를 소개하는 직원입니다.
> 우리 회사의 제품에 대해 질문을 시작해 주세요.

회화 예시

🤖 Can you tell me more about the features of your company's products?

👤 Sure. This cotton candy generator can produce 12 samples at the same time.

🤖 That sounds impressive! Is this generator available for purchase at the moment?

👤 Of course. We have various options. Could you please to come in and tell me about the details of your business? I can recommend the most appropriate one for you.

🤖 Thank you for the offer. I would be interested in learning more about the different options and discussing potential business opportunities.

👤 Please take a seat here. This is our catalog.

🤖 Thank you. I will take a look and let you know if I have any questions.

현지 업체와 협상을 해요

박람회장에서 직원으로서 바이어에게 제품을 소개하는 상황을 설정하기 위해 정해진 프롬프트를 입력한 후 아래 내용을 추가로 입력하여 대화를 이어 나가 보겠습니다.

프롬프트

> 지금부터 해외 출장을 주제로 한 대화를 시작하겠습니다.
> 현재 장소는 미국의 CES 박람회장이며, 당신은 우리 회사 물건을 구매하고자 합니다.
> 당신은 현지의 바이어이며, 저는 회사제품을 소개하는 직원입니다.
> 제품 구매를 위한 협상을 시작해 주세요.

회화 예시

🤖 Hi, I'm interested in purchasing your company's products for our business back home. Could we discuss the pricing and terms for bulk orders?

👤 Sure. The MOQ of this product is 1,000 pieces. It would be packed in a box. How many do you need?

🤖 We would like to order 5,000 pieces of the product. Could you provide us with a quote, including shipping fees and estimated delivery time?

👤 All right. We have an electrified ordering system. Could you type the delivery address and your e-mail here?

🤖 Certainly. Done.

👤 The quote with additional information is now sent to your e-mail. Do you need a printed sheet?

🤖 No, a digital copy of the quote with the relevant details is sufficient for us. Thank you for your prompt response.

해외에서 샘플을 구매해 한국으로 보내요

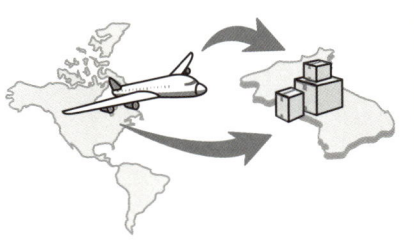

박람회장에서 바이어로서 다른 회사의 물건을 구매하는 상황을 설정하기 위해 정해진 프롬프트를 입력한 후 다음 내용을 추가로 입력하여 대화를 이어 나가 보겠습니다.

프롬프트

🙂 지금부터 해외 출장을 주제로 한 대화를 시작하겠습니다.
현재 장소는 미국의 CES 박람회장이며, 솜사탕컴퍼니의 부스에서 대화를 나눕니다.
당신은 솜사탕컴퍼니의 영업사원입니다. 저는 물건을 구매하려 합니다. 대화를 시작하겠습니다.

회화 예시

🤖 Welcome. We offer innovative and user-friendly products that cater to all your needs. Would you like to know more about our products and how they can benefit you?

🙂 Hi. I'm an engineer from South Korea. I'd like to buy this automated cotton candy-removing machine. Could you provide some features?

🤖 Certainly! Our automated cotton candy-removing machine is designed to efficiently remove cotton candy from the machine's spinning head, saving you time and effort. It's easy-to-use interface and low maintenance make it a valuable addition to any cotton candy business.

🙂 Cool. Do you provide international shipping service, to Busan of Korea?

🤖 Yes, we provide international shipping services to various destinations around the world, including Busan, South Korea. Please provide us with your shipping details and we will provide you with a quote for the shipping cost.

🙂 All right. Before talking about the shipping cost, please let me know the price of the machine.

🤖 I apologize, I do not have access to the current pricing information. However, I can connect you with a sales representative who can provide you with more information on the pricing of our automated cotton candy-removing machine. Would you like me to schedule a call or email with a sales representative?

해외에서 현지 인력을 채용해요

    채용 담당자로서 면접 지원자와 채용 면접을 진행하는 상황을 설정하기 위해 정해진 프롬프트를 입력한 후 다음 내용을 추가로 입력하여 대화를 이어 나가 보겠습니다. 면접의 경우 질문자가 짧게 질문하고 답변자가 길게 답변하는 경우가 많으므로 다음처럼 답변의 길이 제약을 조금 더 길게 설정합니다.

프롬프트

> **1** 답변에는 영어만 사용한다.
> **2** 답변은 최대 4문장으로 구성한다.
> **3** 각 문장은 최대 20개까지의 단어를 사용할 수 있다
>
> 지금부터 당신은 제 회화 연습을 도와줄 영어 원어민 강사가 됩니다. 당신은 다음과 같은 규칙을 지키며 답변합니다.
>
> 향후 제 답변에 문법 오류가 있다면 이를 지적하고 수정안을 제안해 줘야 합니다.

숙지하셨습니까?

(중략)

지금부터 해외 채용을 주제로 한 대화를 시작하겠습니다.
현재 장소는 캘리포니카 공과대학의 행정관 로비입니다. 저는 졸업예정자의 채용 면접을 진행하고자 합니다.
당신은 지원자이며, 저는 채용 담당자입니다.
면접을 시작합니다. 자기소개부터 시작해주세요.

회화 예시

🤖 Hello, my name is ChatGPT and I am excited to be here for the interview. As a seasoned traveler, I have had the opportunity to explore diverse cultures and customs, and I believe my experience in navigating unfamiliar environments will make me a valuable addition to your team.

👤 Can you explain why a trip experience can contribute to cotton candy generation company?

🤖 Yes, my trip experience has allowed me to observe and learn about different marketing strategies used in the food and beverage industry. It could be applied to promote the cotton candy generation company's products to a wider audience. Additionally, my experience in adapting to different cultural norms and communication styles would help me effectively engage with potential clients and partners in international markets.

🧑 That sounds great. Have you ever seen cotton candies from various countries? Are they different?

🤖 Yes, I have seen cotton candies from various countries, and they often come in different colors and flavors that reflect local tastes and preferences. For example, in Japan, they have unique cotton candy creations like animal-shaped designs and matcha-flavored cotton candy. In Mexico, cotton candy is often infused with chili powder for a spicy kick.

🧑 That sounds cool. I think you are fit for the marketing team.

🤖 Thank you for the positive feedback, I am excited about the opportunity to join the team and contribute my skills to help promote the cotton candy generation company.

05 토익 스피킹 시험을 준비해요!

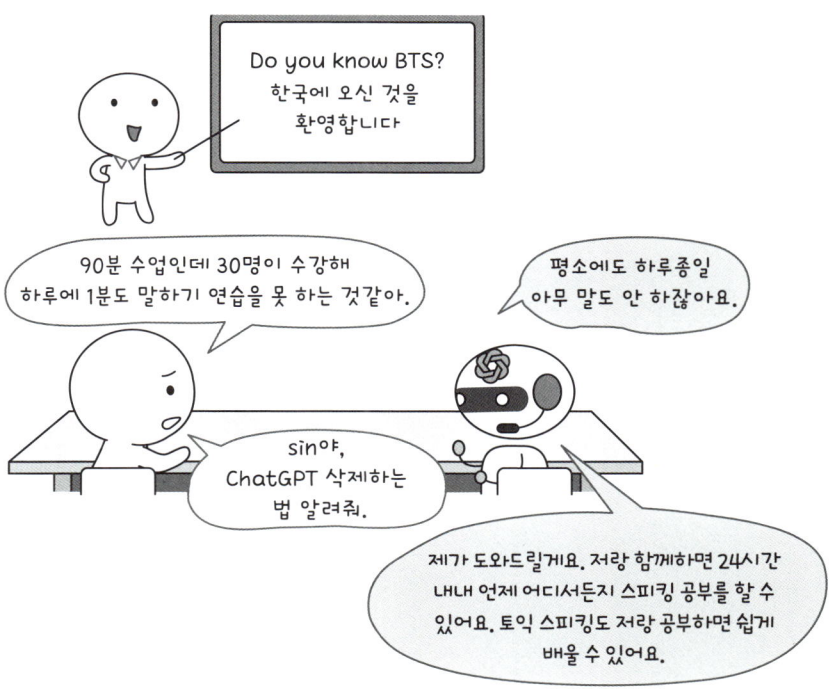

이번 장에서는 최근 취업시장에서 매우 중요한 입지를 차지한 토익 스피킹 시험을 공략하는 방법을 소개하겠습니다.

토익 스피킹 시험에서 가장 중요한 역량은 주어진 시간 안에 문장을 생성하고 입 밖으로 구현해 내는 것입니다. 처음에는 타이핑을 통해 문장을 구현하며 각 문제 유형이 요구하는 역량과 함께 자신감을 길러나가는 것을 추천합니다.

어느 정도 자신감이 생겼다면, 다음 챕터에서 소개하는 <ChatGPT Voice Master>를 설치하고 다시 이 챕터로 돌아오기를 바랍니다. <ChatGPT Voice Master>를 사용하면, 정말로 여러분의 입으로 발음한 목소리를 컴퓨터가 인식하고, 챗GPT에 전달하여 답변을 제공해줍니다. 답변 또한 영어로 발음해 주고요.

자, 그럼 지금부터 스피킹 시험을 공략하러 떠나겠습니다.

1. [Section 1] 지문을 또박또박 읽어요

제1유형은 주어진 지문을 눈으로 읽고, 또박또박 읽는 문제입니다. 총 2문제가 주어집니다. 45초 동안 눈으로 문장을 읽으며 준비하고, 45초 안에 지문을 발음하면 됩니다. 발음이 어눌하거나, 억양이 부정확하거나, 유창성이 떨어져 보이는 경우 감점됩니다.

연습용 지문을 생성하는 것은 무척이나 간단합니다. 다음처럼 지문의 길이 정도만 알려주면 충분하거든요.

> 60단어가량으로 구성된 영어 지문을 작성해줘.

As the world becomes more connected, it's increasingly important to have strong communication skills. Whether you're networking with colleagues, negotiating with clients, or simply making new friends, being able to communicate effectively is key. This is where language learning comes in - by learning a new language, you can open doors to new opportunities and build bridges with people from all over the world. With a plethora of language learning resources available online, there's never been a better time to start learning a new language.

발음 연습의 경우, <ChatGPT Voice Master>의 설치가 필요합니다. 음성 인식 모드를 켜 두고 지문을 따라 읽어보세요. 안타까운 이야기지만, 여러분의 발음이나 억양이 부정확할 경우, 음성 인식 시스템이 여러분이 발음한 문장을 제대로 인식하지 못할 것입니다.

또한, <ChatGPT Voice Master>는 여러분이 챗GPT에 요청하여 생성한 문장을 영어 발음으로 읽어주기도 합니다. 성우가 말하는 속도도 조절할 수 있으므로, 적당히 느린 속도로 설정하여 두고 성우의 발음을 그대로 흉내 내며 연습해 보기 바랍니다.

여러분이 발음한 문장이 최대한 많이, 최대한 정확하게 인식될 수 있도록 연습하다 보면 토익 스피킹 시험 Part 1은 쉽게 정복할 수 있습니다.

2. [Section 2] 사진을 묘사해요

토익 스피킹의 Section 2는 사진을 보고, 그 사진을 최대한 상세하게 영어로 묘사하는 훈련입니다. 다만 챗GPT에 아직[14] 그림을 입력하는 기능이 구현되어 있지 않으므로, 조금 상황을 비틀어서 연습해 보겠습니다.

프롬프트

> 지금부터 저는 사진 속의 동물을 영어로 묘사하겠습니다.
> 제 이야기를 듣고, 사진 속의 동물이 무엇인지 맞춰 보세요.
> 제가 입력한 문장에서 문법 오류나 철자가 틀린 부분이 있다면 지적해 주세요.
> 준비됐나요?
> (생략)

Section 2의 핵심은 발화자가 얼마나 묘사를 잘하는지를 평가하는 것입니다. 따라서 비슷하지만 다른 상황을 부여하며 챗GPT가 당신의 묘사 실력을 평가할 수 있는 상황을 만들어주세요. 이제 머릿속으로 동물을 하나 떠올리고, 챗GPT에 영어로 설명합니다. 최대한 상세하게 설명하여, 챗GPT가 반드시 답을 맞힐 수 있도록 유도해야 합니다.

---

[14] GPT-4의 핵심 기능 중 하나가 그림 파일을 입력받아 이해하는 것이므로 향후 챗GPT 유료 버전에는 이 기능이 추가될 가능성이 있음

> This animal has short yellow fur. It prefers protein-based food rather than grain-based food. It has small white spots on its face, above the eyes. Its hands and stomach are covered with short white fur. It has a tail. It wags its tail when it feels happy. Its nose has tiny pores. Its origin is known as Japan. What is this?

> Your description is clear and has no grammar or spelling errors. Based on the description, the animal is likely a Shiba Inu.

동물을 묘사하는 것은 쉽지 않습니다. 왜냐하면 비슷하게 생긴 다른 종과 구분될 수 있는 특징이 굉장히 한정적이기 때문입니다. 어쩌면 여러분이 시험장에서 만나게 될 문제보다 훨씬 높은 수준의 발화 역량을 요구하는 과제일지도 모릅니다.

동물 묘사가 익숙해졌다면 음식, 스포츠, 탈 것, 식물 등 묘사의 범위를 넓혀 가며 여러분의 발화 역량을 길러보기 바랍니다. 시험장에 들어가면 '문제가 이렇게 쉬웠나?'라는 생각을 절로 하게 될 것입니다.

3. [Section 3] 질문을 듣고 대답해요

Section 3은 영어로 주어진 질문에 영어로 대답하는 과정입니다. 챗

GPT에 질문을 생성해 달라고 요청하고, 여러분이 영어로 대답하면 되겠지요? 일상이나 업무 상황에서 자주 접할 수 있는 질문이 제공됩니다. 보통 질문은 한 개의 문장으로 구성되며, 한 번에 다양한 정보를 물어보는 경우도 많습니다.

그래서 챗GPT에 질문을 생성하는 규칙과 채점에 대한 안내를 전달했습니다. 챗GPT의 질문에 답변하고 채점도 받아보겠습니다.

프롬프트

1 당신은 제게 영어로 질문을 합니다.
2 질문의 길이는 한 문장으로 제한하고, 문장의 길이는 12단어 이하로 제한합니다.
3 한 문장 안에서 시간과 장소 등 여러 가지 정보를 한꺼번에 물어봐도 좋습니다.
4 저는 당신의 질문에 영어로 대답합니다.
5 아래 기준을 따라 제 답변의 점수도 채점해 주세요.

- 논리적으로 어색하지 않은지
- 문법이 올바른지
- 주어진 질문의 내용을 제대로 이해했는지 점수는 100점 만점을 기준으로 채점해주세요.

제게 질문을 해주세요. 그리고 제 답변을 채점해주세요.

자, 이렇게 논리력, 문법, 이해력 부분에서 채점까지 받을 수 있었습니다. 제 답변에서는 문법 점수가 가장 낮으므로, 문법 실수를 줄일 수 있는 방향으로 연습을 하면 가장 빠르게 실력을 높일 수 있겠지요?

회화 예시

🤖 What is the main difference between British and American English, specifically in terms of pronunciation?

👤 First of all, British English and American English pronounce some words differently, agile is pronounced as agile in British. And I think that British English tends to pronounce the vowel in a strict way, with stronger accents. Also, British English sometimes omits R.

🤖 Apologies for the misunderstanding. Here is my evaluation of your response based on the provided criteria:

1 Logical consistency: 9/10 - Your response was mostly logical and accurate, but there was a slight misinterpretation of my request.

2 Grammar: 8/10 - There were a few minor grammar errors in your response.

> 3 Understanding the question: 9/10 - You understood the question well and provided relevant information about the differences in pronunciation between British and American English.
>
> Overall score: 26/30 (approximately 87/100)

챗GPT 무료 버전은 가끔 프롬프트의 지시를 잘못 이해하여 사용자에게 챗GPT의 발언을 채점해 달라고 요구하는 경우가 있습니다. 이때에는 가벼운 핀잔을 제공하면 즉시 정신을 차리고 지시에 따르며 우리의 답변을 채점해줍니다.

> 🤖 (전략)
> Please rate my response based on the criteria you provided.
>
> 🧑 No, You should rate my answer.

4. [Sectiont 4] 지문을 읽고 말로 대답해요

Section 4는 영어로 된 지문을 읽은 다음, 질문을 듣고 이에 답하는 문제입니다. 질문은 대부분 지문의 내용을 벗어나지 않으므로, 짧은 시간 안에 지문의 내용을 이해하고 주요 정보를 외우는 것이 중요합니다.

한동안 일정표, 이력서 등 표 형태로 깔끔하게 정돈된 지문이 많이 출제되었습니다. 챗GPT가 표 형태의 데이터를 출력도 할 수 있을까요? 확인해 보겠습니다.

GPT-4

🙂 표 형태의 데이터 출력을 할 수 있나요?
가능하다면 예시도 보여주세요.

🤖 Yes, I can display data in a table format. Here's an example:

Country	Capital	Population (millions)
United States	Washington DC	331
Canada	Ottawa	38
United Kingdom	London	68
Australia	Canberra	26

This table shows the countries, their capitals, and their populations in millions.

네, 가능하네요. 단, 이는 유료 버전인 GPT-4에서만 가능합니다. 무료 버전인 GPT-3.5에 표 형태로 데이터를 출력해달라고 요청하면 표를 작성하는 코드를 알려줍니다. 따라서 표 형태로 출제된 지문 연습을 하려면 <ChatGPT Plus> 구독을 추천하며, 무료 버전으로 토익 스피킹을 연습하려면 표보다는 평문으로 구성된 지문을 생성해달라 요청하는 것이 바람직합니다.

평문 생성 프롬프트

> 5문장 분량의 영어 비문학 지문을 하나 작성해주세요.
> 각 문장의 길이는 12단어 이하입니다.
> 지문의 내용을 토대로 내용 일치 문제를 풀 수 있는 질문도 하나 만들어 주세요. 그리고 제 답변이 적절한지 아닌지 평가도 해주세요.

> The city of Atlantis is a legendary underwater civilization. It was first mentioned by the ancient Greek philosopher Plato. Some people believe that Atlantis was a real place, while others think it was merely a myth. Multiple theories exist about the location of the lost city, but none have been proven. The mystery of Atlantis continues to captivate the imagination of scholars and enthusiasts alike.
>
> Question: What are the differing opinions about the existence of Atlantis?

지문과 질문이 생성되었습니다. 답변하고 채점도 받아볼까요?

> Some people believe that Atlantis is a real place, while others think it was just a legend.

> 답변이 내용 일치 문제에 정확히 부합하므로 100점 만점에 100점을 드리겠습니다. 문제의 요구사항을 잘 이해하고 정확한 답변을 제공하셨습니다.

프롬프트 엔지니어링을 수월하게 하려고 한 개의 답변에서 지문과 질문을 한꺼번에 요청했지만, 다음과 같이 분리하여 연습하는 것도 가능합니다.

지문-질문 분리 프롬프트

> 5문장 분량의 영어 비문학 지문을 하나 작성해주세요.
> 각 문장의 길이는 12단어 이하입니다.
> (생략)
> 위 지문을 바탕으로 내용 일치 문제의 질문을 하나 만들어주세요.
> 그리고 제 답변이 100점 만점에 몇 점인지, 여러 평가 척도를 들어 채점해주세요.
> (생략)

5. [Section 5] 논리적으로 의견을 제시해요

토익 스피킹의 Section 5는 주어진 대화 내용을 듣고 해결 방법을 논리적으로 제시하는 유형입니다. 주로 회의나 전화 문의 내용 등, 실무와 관련된 상황이 부여됩니다. 내용을 듣고, 화자가 어떤 문제를 겪고 있는지를 파악하여 해결책을 논리적으로 제안해야 합니다.

Section 5의 점수 배점이 높아서 가장 중요한 유형 중 하나입니다. 그래서일까요? 학원가에서는 Section 5 공략을 위한 일종의 공식이 전설처럼 내려오고 있습니다.

- 인사
- 문제 요약
- 해결책 1
- 해결책 2
- 예상 결과
- 인사

어디서 많이 본 구성이지요? 맞아요, 콜센터 상담직원의 답변 템플릿과 아주 유사합니다. 한글로 풀어서 예시를 보여드리겠습니다.

- 안녕하십니까, 고객님. 솜사탕컴퍼니 반병현 주임입니다.
  전화로 문의 사항을 남겨주셨다고 전달받았습니다.
- 현재 솜사탕 자동 사출장치의 전원이 잘 들어오지 않는다고 알려주셨습니다. 많이 불편하셨죠?
- 가까운 대리점에 수리 예약을 잡아드릴 수 있습니다.
- 혹시 구매하신 지 1년 이내라면 고객님 댁에 방문하여 무상으로 AS를 제공해 드릴 수도 있습니다.
- 수리에는 2시간가량 소요되며, 수리 이후에는 전원이 잘 들어올 것입니다.
- 고객님께서 선호하는 방식을 알려주시면 조속히 수리를 진행할 수 있도록 최선을 다해 도와드리겠습니다. 감사합니다.

문제를 듣고 이와 같은 내용을 영어로 즉석에서 말할 수 있으면 됩니다. 단, 발언 제한 시간은 60초이므로, 여러분의 발화 속도를 고려하여 답변의 분량을 결정해야 합니다. 우선 챗GPT와 채팅을 나누며 문제의 유형 자체를 숙지하고, 이후 다음 챕터에서 소개할 <ChatGPT Voice Master>를 활용하여 목소리를 내어 연습해 보세요.

이틀 정도 챗GPT와 대화를 나누다 보면, 여러분 스스로 영어 발화 속도를 파악할 수 있을 것입니다. 여기서부터 시간을 적절히 배분하며 스피킹 연습을 이어 나가기 바랍니다. 이번 유형은 저자의 답변은 크게 중요하지 않을 것으로 생각되어 프롬프트 상황과 질문 예시만 수록합니다.

프롬프트 - 전화 녹음

🧑 당신의 이름은 Jane. 우리 회사의 서비스에 불만족을 느껴 전화 문의를 남긴 고객입니다.
녹음된 통화 길이는 45초가량입니다.
당신이 발언한 컴플레인의 대사를 영어 구어체로 작성하시오.

🤖 Hi, my name is Jane, and I'm calling because I'm really disappointed with your company's service. I've been experiencing several issues, and it's been extremely frustrating. First off, the delivery was delayed, and when it finally arrived, the product was damaged. Additionally, I've tried reaching out to customer support multiple times, but I've been put on hold for long periods or just transferred around without any resolution. I expect better service from your company, and I hope you can address these concerns promptly. Thank you.

프롬프트 - 회의 녹음

🧑 마케팅팀의 회의 진행 중입니다.
회의 진행 도중 한 가지 문제점이 지적되었고, 여러 사람이 이 문제에 난처해하고 있습니다.
녹음된 회의 내용은 45초가량입니다.
회의 녹취록을 영어로 작성하시오.

🤖 Speaker 1: Okay, team, let's discuss our recent marketing campaign. We've been getting some feedback, and there's one issue that stands out.

Speaker 2: Yes, I've noticed that too. Our social media ads seem to be targeting the wrong audience, and it's affecting our conversion rates.

Speaker 3: I've been looking into it, but I'm having trouble figuring out the cause. It's quite perplexing.

Speaker 4: We definitely need to address this issue as soon as possible. It's impacting our results and could hurt our reputation.

6. [Section 6] 쟁점에 대한 의견을 논리적으로 제시해요.

Q1) 인간이 먹을 약을 만드는 과정에서 많은 동물이 희생되고 있습니다. 동물실험의 이익이 크다고 하여 생명을 희생하는 것이 옳을까요?

Q2) 솜사탕 자동 사출장치의 등장으로 많은 솜사탕 장인들이 일자리를 잃었습니다. 자동화 도입을 정책적으로 금지할 필요가 있을까요?

Q3) 초등학생에게도 스마트폰을 사 주는 것이 좋을까요?

실제 출제된 지문은 아니고 Section 6의 유형을 설명하기 위하여 창작해낸 질문입니다. 짧은 시간 안에 여러분의 의견을 논리정연하게 전달해야 하므로, 시험장에 들어가기 전에 미리 마음속으로 '나는 오늘 찬성만 해야지.' 혹은 '나는 오늘 반대만 해야지.'라고 전략을 정해두고 가면 시간을 절약할 수 있습니다.

60초 안에 논리를 펼치는 발화 유형으로 가장 유명한 실무 사례는 엘리베이터 스피칭(Elevator Speeching)이 있겠습니다. 엘리베이터에서 우연히 만난 임원을 설득하여, 목적 층에 도착하기 전에 그의 마음을 돌리는 기법으로 알려져 있습니다. 즉, Section 6은 정말로 사회에서 유용하게 쓰일 역량을 평가하는 중요한 단원이라 할 수 있겠습니다.

짧은 시간 안에 타인을 논리적으로 설득하려면 두괄식으로 논리를 펼쳐야 합니다. 템플릿을 하나 만들어 보자면, 다음과 같습니다.

- 핵심 주장
- 논리 1
- 논리 2
- 결론

한국어로 예시를 들어 보겠습니다.

- 신약 개발 과정에서 동물실험을 하는 것은 장점이 많다. 윤리적으로 거부감이 들 수도 있지만 말이다.
- 첫째, 대부분 동물은 인간보다 라이프사이클이 짧아 약효와 부작용을 더 빠르게 확인할 수 있다. 그래서 많은 사람의 생명을 살릴 수 있는 신약을 더 빠르게 출시할 수 있다.
- 둘째, 동물의 생명 또한 존귀하지만 인간의 생명을 살리는 것도 중요한 일이고 공리주의적 관점에서는, 신약 개발 과정에서 희생된 동물보다 수십만 배 더 많은 사람을 살리게 될 수도 있다.
- 따라서 사람을 살리는 제약산업의 목적을 고려할 때, 동물실험을 하는 것은 필요한 절차라고 생각한다.

핵심 주장 하나와 이를 뒷받침하기 위한 논리 전개 문장을 두 개 구성하였습니다. 그리고 각각의 논리 전개는 별개의 근거를 담고 있습니다. 첫 번째 논리는 과학적인 정보를 근거로 하고 있으며, 두 번째 논리는 철학적 논의를 가져와 설득력을 확보하고 있습니다.

자, 이처럼 4개의 단락으로 답변을 구성하는 것을 전제로 프롬프트를 짜 보겠습니다.

프롬프트

🧑 [요구사항 1]
논쟁이 가능한 문제를 2개의 영어 문장으로 제시하시오.
나는 그 질문을 읽고, 찬성 혹은 반대 중 하나의 입장을 택하여 답변을 작성하겠습니다.

🤖 Should the government provide free healthcare to all citizens, regardless of their income level or employment status?

이번에는 채점 과정의 신뢰도를 높이기 위해 프롬프트를 2단계에 걸쳐서 수행하겠습니다. 챗GPT가 요구사항을 잘 이해하고 질문을 만들어 왔지요? 여기에 대한 답변을 제시하겠습니다.

(전략)

[요구사항 2]

앞 답변을 다음과 같은 척도로 채점하시오.

- 질문을 잘 이해하였나?
- 주장이 일관되나?
- 주장을 뒷받침하기 위한 논리가 2개 이상 제시되는가?
- 각 논리를 뒷받침하는 타당한 근거가 제시되는가?
- 논리적인 흐름을 따라 결론에 도달하는가?

채점 결과는 다음과 같습니다.

1. 질문을 잘 이해하였나? : 5점

주어진 질문을 명확히 이해하고 주제와 관련된 내용을 포함하고 있습니다.

2. 주장이 일관되나? : 5점

주장이 일관되고, 전반적으로 적절하게 구성되어 있습니다.

3. 주장을 뒷받침하기 위한 논리가 2개 이상 제시되는가? : 5점

주장을 뒷받침하기 위한 논리가 2개 이상 존재하며, 각각의 논리가 서로 유기적으로 연결되어 있습니다.

4. 각 논리를 뒷받침하는 타당한 근거가 제시되는가? : 5점

각 논리를 뒷받침하는 타당한 근거가 명확하게 제시되고 있습니다.

5. 논리적인 흐름을 따라 결론에 도달하는가? : 5점

논리적인 흐름을 따라 결론에 도달하고 있습니다.

따라서, 총 25점 만점에 이 답변은 25점을 받을 수 있습니다.

여러분의 답변 작성 이후, Enter↵ 키를 누르기 전에 위와 같이 채점 프롬프트를 입력합니다. 그러면 챗GPT가 여러분의 답변을 채점하고, 각 채점 기준에 따른 평가를 제공할 것입니다.

추후 <ChatGPT Voice Master>를 사용하여 목소리로 챗GPT에 답변을 전달할 때도 이 방법을 사용할 수 있습니다. 목소리 녹음이 진행되는 동안에는 채팅창에 여러분의 발언이 타이핑됩니다. 이후 여러분이 Enter↵ 키를 직접 눌러야 챗GPT에 메시지가 전달되는데요. Enter↵ 키를 누르기 전 프롬프트 명령 문구를 붙여넣으면 됩니다.

부디 인류 역사상 가장 경이로운 발명품인 챗GPT의 도움을 받아 여러분의 어학 실력을 쑥쑥 키우기 바랍니다.

나만의 영어 선생님
챗GPT 영어교실

Chapter 5
챗GPT를 유용하게 만들어주는 확장 프로그램

- **01** Speaking 학습을 위한 확장 프로그램 설치
- **02** ChatGPT Voice Master 설정
- **03** ChatGPT Voice Master의 사용법
- **04** 그 외 유용한 확장 프로그램

01 Speaking 학습을 위한 확장 프로그램 설치

여러분이 발음한 음성을 챗GPT가 알아들을 수 있다면 어떨까요? 반대로 챗GPT가 텍스트가 아니라 목소리로 여러분에게 대답해 준다면요? 세상에서 가장 스마트한 영어 선생님과 음성 대화를 주고받는 것도 가능해지겠지요? 스피킹과 리스닝 훈련도 할 수 있을 것입니다.

챗GPT에 입과 귀를 달아주도록 하겠습니다. 여러분이 사용하는 브라우저의 종류에 따라 조금씩 설정 방법이 달라질 수 있으므로 천천히 따라오기를 바랍니다.

1. Microsoft Edge의 경우

브라우저 우측 상단에 위치한 점 세개 모양 [더 보기] 메뉴(…)를 클릭합니다.

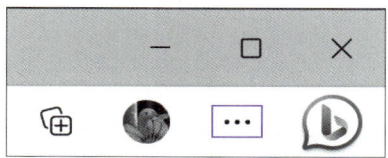

팝업 메뉴에서 [확장] 메뉴를 클릭합니다.

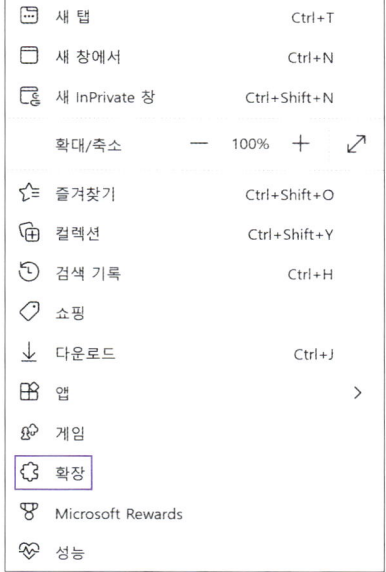

팝업 메뉴에서 [확장 관리] 버튼을 클릭합니다.

[Chrome 웹 스토어] 메뉴를 클릭합니다.

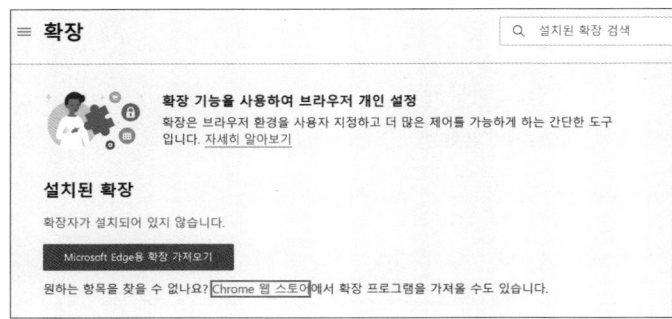

아래와 같은 안내메뉴가 상단에 표시되면서 크롬 웹 스토어로 페이지가 이동합니다.

마이크로소프트 사의 엣지 브라우저를 사용하는데 왜 크롬 스토어가 뜨는 걸까요? 간략하게 소개하자면, MS사는 구글 크롬과의 <2차 브라우저 전쟁>에서 참패하며 자체 브라우저 개발을 포기했습니다. 그리고 구글이 만든 크롬의 엔진을 받아와 엣지 브라우저를 만들었습니다.

즉, 엣지 브라우저의 심장은 크롬이라는 뜻입니다. 덕분에 엣지에서도 크롬용 확장 프로그램을 다운로드해 설치할 수 있습니다.

이어 검색창에서 "ChatGPT Voice Master"라고 검색하고, 아래 사진에 표시된 앱을 클릭합니다.

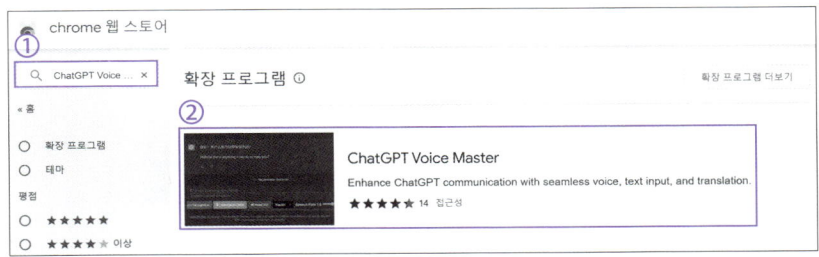

페이지 우측 하단에 표시된 개발자의 아이디가 <jiayq007>로 일치하는지 확인하기를 바랍니다.

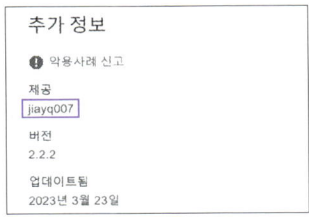

개발자 정보가 일치한다면 앱 소개페이지 상단의 [Chrome에 추가] 버튼을 클릭하여 앱을 설치합니다.

팝업창이 발생하는데 [확장 추가] 메뉴를 클릭합니다.

설치가 완료되었음을 알리는 팝업이 표시됩니다.

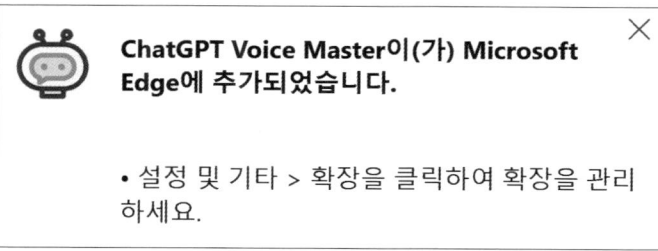

설치가 완료되면 주소창 우측에 퍼즐 모양의 아이콘이 새롭게 생겨 납니다. 이 아이콘을 클릭하면 확장 프로그램 관리 탭이 표시되는데 <ChatGPT Voice Master>가 정상적으로 표시되는지 확인해주세요.

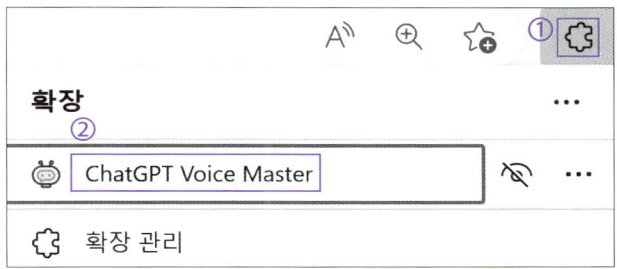

이것으로 플러그인 설치가 끝났습니다.

2. 크롬의 경우

주소창 상단에 위치한 점 세 개 표시 [더 보기] 메뉴를 클릭합니다.

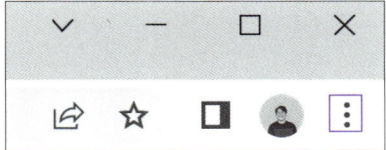

이어 팝업 메뉴에서 [확장 프로그램] > [확장 프로그램 관리] 메뉴를 클릭합니다.

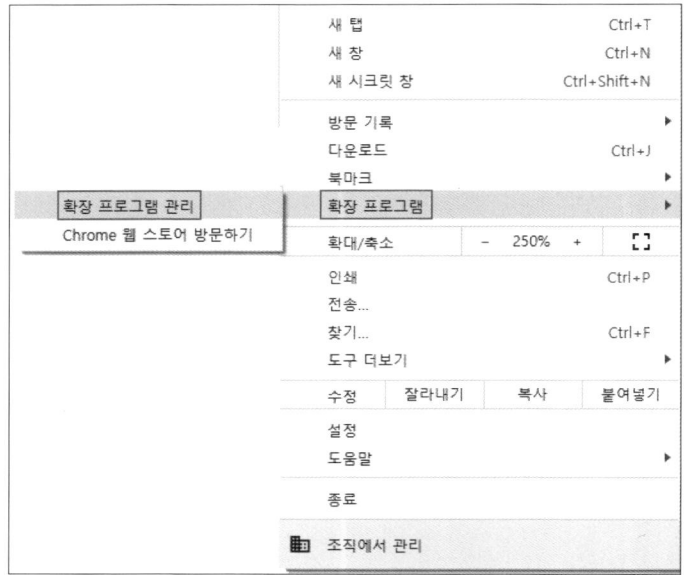

상단의 메뉴 버튼을 클릭합니다.

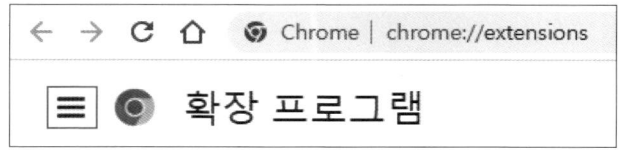

[Chrome 웹 스토어 열기] 메뉴를 클릭합니다. 크롬 웹 스토어로 이동하는데, 이후 앞에서 소개한 엣지 브라우저에서의 설치 과정을 참고하여 <ChatGPT Voice Master> 플러그인을 설치합니다.

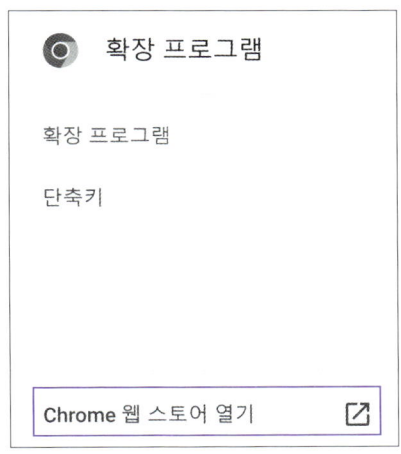

주소표시줄 우측에 퍼즐 모양의 아이콘(🧩)이 표시되고, 이 아이콘을 클릭했을 때 <ChatGPT Voice Master> 앱이 표시된다면 설치가 완료되었습니다.

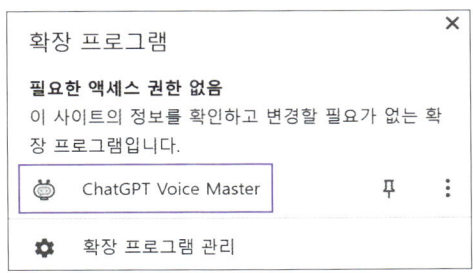

3. 마이크 사용 설정

사용에 앞서 아래 그림과 같이 혹시 주소창에 마이크 아이콘과 X 표시가 떠 있는지 확인하기를 바랍니다. 아래 아이콘은 '현재 웹 사이트에서 마이크 사용 금지' 모드가 설정되어 있다는 뜻입니다.

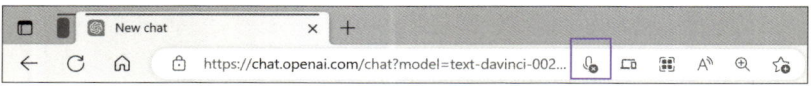

아이콘을 클릭하면 팝업창이 표시됩니다. [항상 마이크 엑세스 허용] 항목에 체크한 후 [완료] 버튼을 클릭해 주세요.

그리고 하단의 '마이크' 항목을 선택하여 여러분의 PC에 연결된 마이크 중 어느 기기를 사용할지 선택할 수 있습니다. 만약 이 항목에 아무런 기기가 표시되지 않고 있다면 컴퓨터에 연결된 마이크가 없거나, 연결이 잘못되었다는 뜻이므로 확인이 필요합니다.

설정을 변경한 뒤에는 챗GPT 서비스에 다시 접속해야 합니다.

02 ChatGPT Voice Master 설정

플러그인 설치 완료 후 챗GPT 서비스에 접속하면 화면 하단에 새로운 메뉴가 생겨나 있습니다. 이 메뉴들을 사용하여 챗GPT와 회화 연습을 진행할 것입니다.

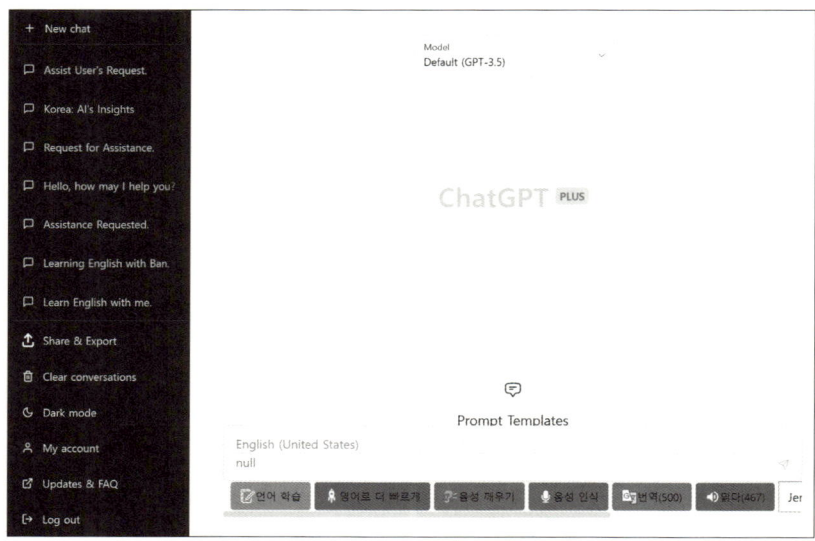

1. 보안 설정

본격적인 사용에 앞서 확장 프로그램의 설정을 진행하겠습니다. 먼저 퍼즐 모양의 [확장] 아이콘을 클릭한 뒤, <ChatGPT Voice Master> 앱의 우측 메뉴 버튼을 클릭합니다. 그리고 [확장 관리] 메뉴를 클릭합니다.

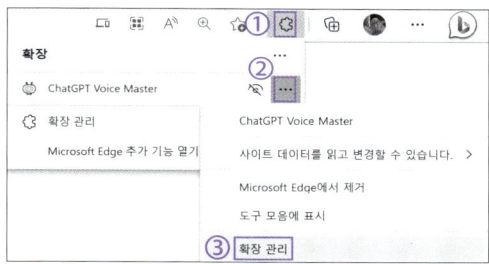

<사이트 엑세스> 설정이 <모든 사이트에서>로 설정되어 있습니다. 아무래도 이런 중국산 앱을 모든 사이트에서 허용하는 것은 개인정보 보안 측면에서 바람직하지 않으므로, 이 설정을 변경하겠습니다.

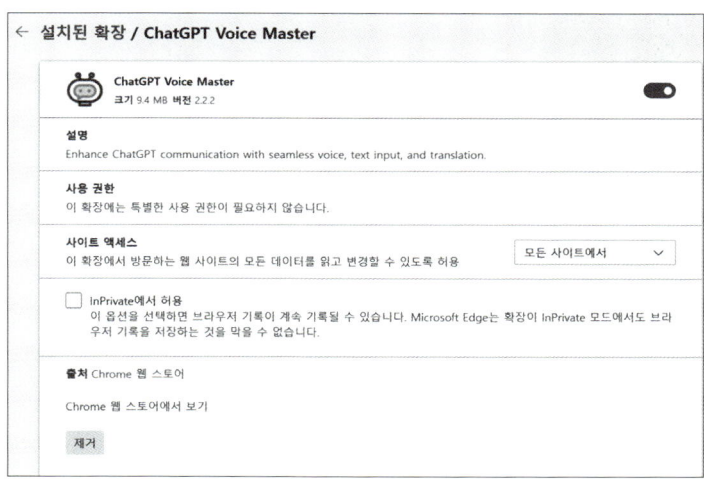

[모든 사이트에서] 메뉴를 클릭하고 팝업에서 <특정 사이트에서>를 선택합니다.

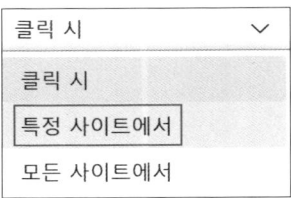

팝업창에서 챗GPT 주소를 입력하고 [추가] 버튼을 누릅니다. 이제 다시 챗GPT 화면으로 돌아오겠습니다.

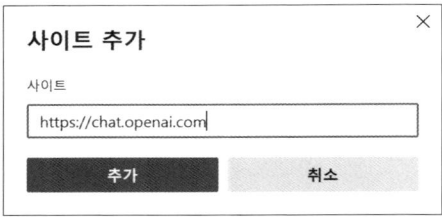

2. 언어 설정

현재 기본 학습 언어는 미국식 영어로 설정되어 있습니다. 채팅창에도 <English(United States)>라고 기재된 것이 보이나요? 만약 미국식 영어 외의 다른 언어를 선택하려면 하단 메뉴에서 [언어 학습] 버튼을 클릭합니다.

다양한 언어가 표시되어 있습니다. 인도식이나 캐나다식 영어뿐 아니라, 아예 다른 나라의 언어도 지원합니다. 여러분의 취향에 맞게 언어를 선택해 주세요. 이 책에서는 미국식 영어를 사용합니다.

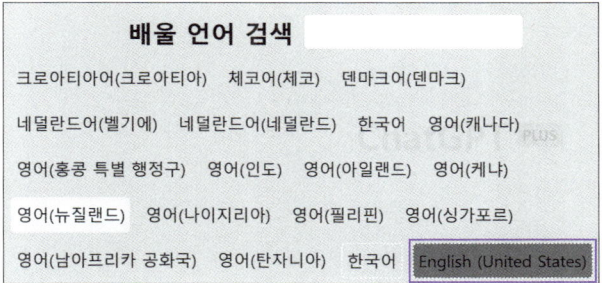

3. 성우 설정

기본으로 설정된 성우의 영어식 발음이 어색할 수 있습니다. 예를 들면, 한국어 성우에게 영어 발음을 시킨다면 정직한 국어식 발음으로 영어를 읽어줍니다.

따라서 영어권 성우로 변경해야 원활한 영어식 발음을 들을 수 있습니다. 앞 성우 명단은 윈도우에 기본으로 탑재된 가상 성우의 이름입니다. 예를 들면 Guy와 Aria는 미국식 영어 성우이며 Jenny는 윈도우의 기본 언어로 발음하는 성우입니다.

모든 성우의 이름과 국가를 외울 수 없으므로, Multilingual 성우인 두 번째 항목을 선택하겠습니다.

```
Jenny (Neural)
Jenny Multilingual (Neural)
Guy (Neural)
Amber (Neural)
Ana (Neural)
Aria (Neural)
Ashley (Neural)
Brandon (Neural)
Christopher (Neural)
Cora (Neural)
Davis (Neural)
Elizabeth (Neural)
Eric (Neural)
Jacob (Neural)
Jane (Neural)
Jason (Neural)
Michelle (Neural)
Monica (Neural)
Nancy (Neural)
Sara (Neural)
```

Jenny ∨   말하기 속도 1.2

4. 말하기 속도 설정

설정 창 가장 우측에서 말하기 속도를 설정할 수 있습니다. 영어 듣기가 낯선 분께서는 말하기 속도를 0.8 정도로 설정하는 것을 추천합니다. 익숙해질수록 조금씩 속도를 높여나가 봅시다.

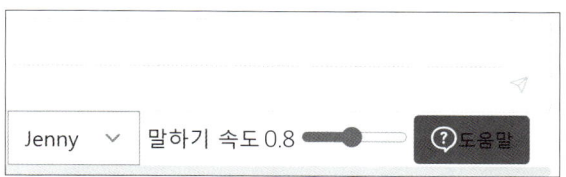

03 ChatGPT Voice Master의 사용법

이제 설정이 끝났으니 사용 방법을 설명하겠습니다.

1. 자동 번역

플러그인 설치 이후 채팅창이 두 줄로 나누어졌습니다. 위쪽 줄에 영어로 문장을 입력하면, 아래쪽 줄에는 자동으로 한글 번역이 표시됩니다.

물론 고속 자동 번역이라 번역의 품질이 그렇게 뛰어나지는 않습니다.

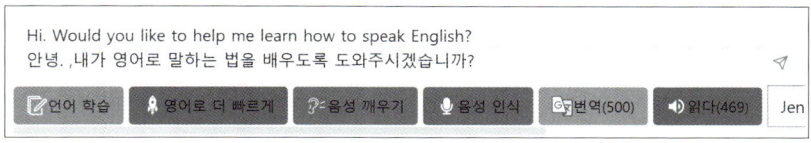

2. 챗GPT의 답변 자동 번역

챗GPT의 영어 답변을 자동으로 한국어로 번역해 주는 기능도 탑재되어 있습니다.

> Hi, Would you like to help me learn how to speak English?

> Of course! I'd be happy to help you learn English. Where would you like to start? Do you have any specific goals or areas you would like to focus on?
>
> 물론! 영어 학습에 도움이 되었으면 합니다. 어디에서 시작하시겠습니까? 집중하고 싶은 구체적인 목표나 분야가 있나요?

이 기능은 [번역] 버튼을 클릭하여 비활성화할 수 있습니다.

3. TTS (Text to Speech)

챗GPT의 답변을 자동으로 영어로 읽어줍니다. <Jenny Multilingual> 성우 모델의 경우, 매우 유창하고 자연스러운 영어 억양을 구현해 주기 때문에 Listening 연습을 위한 도구로 사용하기에도 손색이 없습니다.

4. 목소리 입력

하단의 [음성 인식] 버튼을 누릅니다.

채팅창 전체가 빨간색으로 변합니다.

탭 상단에도 붉은색 동그라미가 표시되며 마이크가 활성화되었다는 표시가 나타납니다. 이 상태에서 여러분이 영어로 말하면, AI가 자동으로 이를 인식하여 채팅창에 기록해줍니다.

발언이 끝났다면 회색으로 변한 [음성 인식] 버튼을 다시 눌러 녹음을 중단합니다.

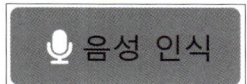

여러분이 말한 문장과 번역문이 채팅창에 자동으로 입력됩니다. 이어서 Enter↵ 키를 누르면 챗GPT에 말을 걸 수 있습니다.

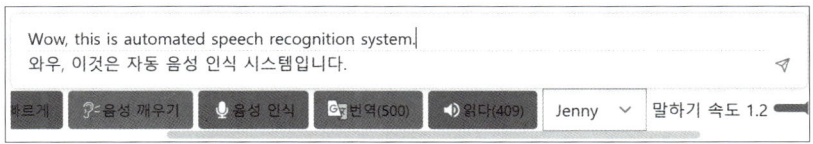

이전 단원에서 소개한 회화 연습 방법이 어느 정도 익숙해졌다면 <ChatGPT Voice Master>를 활용하여 말하기와 듣기 연습을 병행해 보기 바랍니다.

04 그 외 유용한 확장 프로그램

영어 학습에 직접적으로 도움이 되는 도구들은 아니지만, 영어로 업무를 보는 데 도움이 될 수 있는 몇 가지 확장 프로그램들을 소개합니다.

1. ChatGPT for Google

구글, 빙 등 대부분의 유명 검색 엔진과 호환이 가능한 챗GPT 서비스입니다. 구글 검색 결과 옆에 챗GPT 대화창이 나타나 검색 결과를 요약해줍니다. Bing에 탑재된 GPT-4보다 훨씬 전문적인 답변을 제공해 줄 수 있습니다.

URL > https://bit.ly/3zNPHGA

2. 라이너 (Liner)

구글 검색 결과창 옆에 채팅창이 나타나며, 대답에 대한 출처도 제공합니다. 또한 인터넷 검색 결과나 유튜브 영상의 특정 구간에 별도로 메모를 작성할 수도 있습니다.

> 홈 > 확장 프로그램 > 라이너(LINER): ChatGPT 구글 어시스턴트 & 웹/유튜브 형광펜
>
> **라이너(LINER): ChatGPT 구글 어시스턴트 & 웹/유튜브 형광펜**
> getliner.com 추천
> ★★★★★ 5,689 검색 도구 사용자 500,000+명

URL > https://bit.ly/3mlHgiD

3. Magical

GPT-4를 활용하여 영작을 도와주는 확장 프로그램입니다. 고객 응대를 위한 메시지 작성부터 이메일 답변 작성까지, 작문이 필요한 대부분 업무를 도와줍니다. 구글 스프레드시트와의 연동도 가능해, 웹 서핑 중 만난 데이터를 손쉽게 구글 시트 포맷으로 옮겨주기도 합니다.

> 홈 > 확장 프로그램 > Magical: GPT4 AI Writer & Text Expander
>
> **Magical: GPT4 AI Writer & Text Expander**
> getmagical.com 추천
> ★★★★★ 2,780 생산성 사용자 300,000+명

URL > https://bit.ly/3KPsXfI

4. Tactiq

줌, 구글 미트, MS 팀즈 등의 툴로 화상회의를 진행하면, 회의가 끝난 후 회의 내용을 요약해주는 프로그램입니다. 회의 녹취록도 제공해 주는데요, 누가 어느 시점에 어떤 내용을 발언했는지를 모두 기록해 줄 수 있다고 합니다. 단, 한국어 인식 성능은 부족하여 영어 미팅 요약에 적합합니다.

URL > https://bit.ly/3mholpn